AF011516

Schriften des deutschen Vereins

für

Armenpflege und Wohlthätigkeit.

Einundsechzigstes Heft.

H. Silbergleit, Finanzstatistik der Armenverwaltungen von 108 deutschen Städten.

Leipzig,

Verlag von Duncker & Humblot.

1902.

Finanzstatistik

der

Armenverwaltungen

von

108 deutschen Städten.

Im Auftrage des deutschen Vereins für Armenpflege
und Wohlthätigkeit

bearbeitet von

Dr. Heinrich Silbergleit,

Direktor des Statistischen Amtes der Stadt Magdeburg.

Leipzig,

Verlag von Duncker & Humblot.

1902.

Pierer'sche Hofbuchdruckerei Stephan Geibel & Co. in Altenburg.

Vorwort.

An der vom deutschen Verein für Armenpflege und Wohltätigkeit erstmals für das Verwaltungsjahr 1900 veranstalteten Erhebung der Armenfinanzen der Städte von mindestens 25000 Einwohnern (nach der letzten Volkszählung vom 1. Dezember 1900) haben sich insgesamt 108 Gemeinden mit einer Seelenzahl von 12244733 d. i. nicht weniger als 21,7 % der Bevölkerung des ganzen Reichs beteiligt. Von den 33 Städten mit über 100000 Einwohnern sind nur 2 unvertreten, 27 der beteiligten Gemeinden sind größere Mittelstädte mit 50000—100000 Einwohnern, 49 mit 25000 bis 50000 Einwohnern. Außerdem lag das Material für das die untere Grenze noch nicht ganz erreichende Greifswald vor.

War sonach der äußere Umfang der Beteiligung hinter der Erwartung kaum zurückgeblieben, so konnte auch die Beschaffenheit des eingegangenen Materials im allgemeinen befriedigen, zumal im Hinblick auf die Schwierigkeiten, die bei den Verschiedenheiten der Buchführung, der in vieljähriger Gewohnheit ausgebildeten Praxis der Anschreibungen zu überwinden waren. Das Bestreben, die Angaben dem im Fragebogen angewandten System der Gliederung nach Möglichkeit anzupassen, trat überall hervor. Und wenn diese Anpassung im allgemeinen durchgeführt werden konnte, so ist dies wesentlich den vortrefflichen Erläuterungen zu danken, die Herr Direktor Dr. Buehl im 48. Heft der Vereinsschriften dem Fragebogen mit auf den Weg gegeben.

Immerhin kann und soll nicht behauptet werden — und war auch bei dem ersten Versuch nicht anders zu erwarten —, daß jeder einzelnen Angabe eine überall einheitliche Auffassung zu grunde liegt, daß die Zahlen von Stadt zu Stadt absolut vergleichbar wären, daß ein hier oder da größerer Betrag durchaus bezeichnend wäre für an sich reichlichere, über das gesetzlich Notwendige hinausgehende Armenfürsorge. Für derartige Feststellungen reicht indessen eine Statistik bloß der Armenfinanzen überhaupt nicht aus: hierzu bedürfte es der eingehendsten Analyse des Gesamtcharakters der Bevölkerung und ihrer wirtschaftlichen wie sozialen Verhältnisse, der Gliederung nach Beruf, Einkommens- und Hausstandsverhältnissen, der Berücksichtigung der Lebensmittel- und Wohnungspreise, kurz der besonderen lokalen Eigenart, und selbst wenn für alles dies der zahlenmäßige Ausdruck gefunden wäre, dann käme es noch auf die Isolierung des Einflusses gesetzlicher und besonderer vertragsmäßiger Bestimmungen und gewohnheitsmäßiger Übung an, zuletzt aber nicht zum wenigsten auf das Ausmaß der neben der öffentlichen Armenfürsorge einhergehenden privaten Wohltätigkeitspflege, von deren statistischen Erfassung wir noch gar weit entfernt sind.

Welches ist dann der Zweck der Untersuchung? Einmal der äußere der allmählichen Anbahnung einheitlicher Anschreibungen (Normalarmenetat), dann der materielle: jeder Gemeinde über ihre tatsächlichen Leistungen auf dem Gebiet der öffentlichen Armenfürsorge einen Überblick zu ermöglichen, der etwa vorhandene Lücken oder sonstige der Ergänzung oder Fortbildung bedürftige Stellen leichter erkennen läßt: mit einem Wort, Anregung für weiteren Ausbau und vielleicht auch Hinweise für die Art desselben darzubieten. Dieser wesentlich praktische Zweck wird nun freilich nicht mit einem Schlage erreicht werden können, ist doch die hiermit nachsichtiger Beurteilung empfohlene Untersuchung nur als ein erster Versuch zu bezeichnen, für den die eine Eigenschaft vielleicht in Anspruch genommen werden darf, daß er die Möglichkeit allmählicher Verbesserung und Vervollkommnung darbietet, die, wie wir annehmen möchten, zu erreichen sein dürfte durch eine den neuesten Erfahrungen stets entsprechende vorsichtige Ausgestaltung des Fragebogens, sowie andererseits durch fortschreitende Anpassung der örtlichen Anschreibungen an die die Gliederung der Angaben beherrschenden Grundsätze.

Die Rücksicht auf diese letzteren hat in gewissen Fällen zu Umstellungen und anderweiter Verarbeitung der Angaben geführt, auf welche denn etwaige Abweichungen von den Angaben des Fragebogens, sei es in den Endzahlen der Hauptgruppen der Einnahmen oder Ausgaben, sei es bei den Einzelposten, zurückzuführen sind.

Von der Bearbeitung der am Schluß des Erhebungsformulars gestellten Frage bezüglich der neben der öffentlichen Armenpflege bestehenden Wohltätigkeitseinrichtungen mußte vorerst noch Abstand genommen werden, da nur etwa von einem Drittel der beteiligten Gemeinden Angaben vorlagen, bei denen überdies die erforderliche Einheitlichkeit nicht durchweg gesichert erschien.

Da das Material von einer Reihe von Großstädten erst nach dem 1. Januar d. J. eingegangen ist, so war ein früherer Abschluß der Bearbeitung nicht zu ermöglichen.

Allen beteiligten Gemeinden sei für die Mühewaltung bei Ausfüllung des Fragebogens, wie für die Beantwortung der notwendig gewordenen Rückfragen hiermit Dank ausgesprochen. Dank gebührt ferner Herrn Stadtrat Dr. Muensterberg, dem durch literarische wie praktische Schöpfertätigkeit auf diesem nächsten und wichtigsten Gebiete sozialer Fürsorge ausgezeichneten Vorsitzenden der Kommission.

Magdeburg, den 15. Juli 1902.

Dr. Silbergleit.

Inhaltsverzeichnis.

C. Tabellen der Verhältnisziffern.

D. Tabellen der absoluten Zahlen.

A. Die Ausgaben der öffentlichen Armenpflege.

Wenn bei den nachstehenden Erläuterungen zu den Ergebnissen der gemeinsamen Statistik der Armenfinanzen — wie der Bruttoetat der Armenverwaltungen kurz bezeichnet werden mag — von den Ausgaben ausgegangen wird, so geschieht dies von dem Gesichtspunkt aus, daß es sich bei den Aufwendungen dieser Art in weitaus überwiegenden Gebieten des Reichs um gesetzlich erforderte, demnach unter allen Umständen zu ermöglichende Leistungen handelt, während die Art der Deckung mehr eine Frage rein gemeindewirtschaftlicher Natur ist.

War vorhin vom Bruttoetat gesprochen, so ist das Wort doch nur mit einiger Einschränkung zu verstehen. Bei Verrechnungen, sei es mit gewissen eigenen Anstalten der Armenverwaltungen, sei es mit Anstalten der Landarmenverbände, ist die Angabe der vollen Bruttobeträge oft überhaupt nicht durchführbar. Da ist zunächst bei den Aufwendungen für die kommunalen Anstalten für Kranke und Gebrechliche, sowie bei den von der Armenverwaltung nicht unmittelbar ressortierenden sonstigen Anstalten der geschlossenen Armenpflege von der Erfragung des Verwaltungsaufwands völlig Abstand genommen und dies, wie später noch näher nachgewiesen werden wird, aus guten Gründen. Ferner muß es dahin gestellt bleiben, ob selbst bei den eigenen Anstalten der Armenverwaltungen, für welche dieser Aufwand erfragt war, auch die ideellen Ausgaben, wie der Mietswert, überall miteingerechnet worden sind. In dieser Hinsicht sind Zweifel um so eher gestattet, als Angaben über die jenen Wertbetrag mitenthaltenden Aufwendungen für die Diensträume der allgemeinen Verwaltung (im Fragebogen Ziffer 1 der allgemeinen Verwaltungsausgaben) bei einer ganzen Reihe von Städten nicht vorhanden waren, Lücken, die im Gesamtbilde allerdings nur wenig bemerkbar werden.

Der Gliederung des Fragebogens entsprechend werden zunächst die eben angeführten allgemeinen Verwaltungsausgaben behandelt.

I. Die allgemeinen Verwaltungsausgaben.

Aus den angegebenen Gründen können in einer größeren Reihe von Städten, bei 45, die Angaben dieser Art nicht als völlig erschöpfend angesehen werden, Fälle, die in Tabelle I durch Zifferninder gekennzeichnet sind. Dem Fehlen der Angabe für die sächlichen Bureauausgaben der Armenverwaltung stand bei einigen anderen Städten dagegen das Vorkommen anscheinend zu großer Beträge gegenüber. Soweit diese zu besonderen Bedenken Anlaß gaben, wurden Rückfragen gestellt, deren Ergebnis die diesseitige Annahme, daß noch andere Verwaltungskosten, so insbesondere von Anstalten der geschlossenen Armenpflege, mit eingerechnet wären, meist bestätigte. Daß damit alle derartigen Fälle getroffen seien, darf freilich nicht behauptet werden.

In Tabelle A (S. 33) ist die Relativverteilung der Verwaltungsausgaben nach den Gruppen des Fragebogens:

a) Aufwand für die Diensträume,
b) " " ehrenamtliche Organe,
c) " " Besoldungen,
d) " " Druckkosten, Schreibmaterialien pp.
e) sonstiger Aufwand für die allgemeine Verwaltung

angegeben.

Die nur die Städte mit vollständigen Angaben umfassende Tabelle zeigt ein erdrückendes Übergewicht fast überall auf seiten des Besoldungsaufwandes. Der Aufwand für die Diensträume pp. weist dagegen Anteile auf, die 30 % nirgends erreichen, bei der überwiegenden Mehrheit — 43 unter den 63 in Tabelle A vertretenen Städten — selbst noch unter 10 % bleiben.

Der Aufwand für ehrenamtliche Organe, für welchen nur bei einer geringen Zahl von Städten Angaben vorliegen, beziffert sich fast überall nur auf einige wenige Prozenteinheiten, wie auch die Anteile der übrigen Gruppen sich vielfach nur in engeren Grenzen halten, so die Druckkosten, Ausgaben für Schreibmaterialien pp., die nur in 12 Städten 10 % übersteigen.

Die auf den Kopf der Bevölkerung an Verwaltungskosten entfallende Ziffer ist aus der die Kopfquoten für die Hauptpositionen angebenden Tabelle H (S. 46) zu entnehmen. Die Ziffer erreicht oder übersteigt nur in wenigen Fällen den Betrag von 0,50 Mark, darunter in Straßburg, wo sie sich, wie den sehr dankenswerten eingehenden Erläuterungen zum dortigen Fragebogen zu entnehmen, aus dem Nebeneinanderbestehen verschiedener Armenbehörden, deren Tätigkeit teilweise Pfleglinge aus dem ganzen Lande umfaßt, sowie aus den Anforderungen einer großen Vermögensverwaltung erklärt.

II. Ausgaben für offene Armenpflege.

Die Gliederung der Aufwendungen für die offene Armenpflege ist in Tabelle II (hinter S. 82) nach den Hauptgruppen und den Einzelposten des Fragebogens mitgeteilt.

Von den ersteren seien zunächst behandelt

1. Die Unterstützungen zum Lebensunterhalt,

die nach der Form, in der sie gewährt werden, nach Bar- und Naturalunterstützungen unterschieden werden.

a) Barunterstützungen.

Angaben über Barunterstützungen sind — wenigstens nach ihrem Gesamtbetrage — ausnahmslos geliefert worden, aber auch bei der Untergliederung nach laufender und einmaliger Bewilligung sind Lücken der Beantwortung nur vereinzelt geblieben. Sehr bezeichnend für den weiten Rahmen der Untersuchung sind nun schon die Unterschiede der absoluten Beträge der Baraufwendungen, die von 6 868 388 Mark in Berlin bis zu 3452 Mark in Oldenburg herabgehen, ein Spielraum, welcher in diesem Umfange nicht mehr lediglich durch das rein bevölkerungsstatistische Moment, vielmehr zugleich durch die Gesamtwirkung wirtschaftlicher und sozialer Faktoren herbeigeführt ist. Von diesem Gesichtspunkt, zu welchem dann noch weitere armenrechtlicher und organisatorischer Natur hinzutreten, sind denn überhaupt die Unterschiede selbst der Quoten pro Kopf der Bevölkerung zu beurteilen. Die zehn höchsten dieser Ziffern, die für die Gesamtheit der beteiligten Städte in Tabelle D Sp. 4 (S. 36) angegeben sind, seien in der Größenordnung hier aufgeführt. Zum Vergleich sind die entsprechenden Ziffern für die offene Armenpflege überhaupt mit angegeben.

Stadt	Bevölkerung am 1. Dezember 1900	Barunterstützung ℳ	Barunterstützung pro Kopf der Bevölkerung ℳ	Offene Armenpflege überhaupt pro Kopf der Bevölkerung ℳ
Berlin	1 888 848	6 868 388	3.64	4.06
Hamburg	705 738	2 014 029	2.85	3 24
Krefeld	106 893	213 392	2.00	2.27
Bonn	50 736	101 094	1.99	2.62
Aachen	135 245	260 815	1.93	2.20
Hagen	50 612	90 374	1.79	2 08
Stolp	27 293	47 035	1.72	1.89
Bernburg	34 431	58 541	1.70	1.88
Dresden	396 146	646 010	1.63	1.94
Charlottenburg	189 305	302 928	1.60	1.95

Dagegen entfallen die niedrigsten Kopfquoten auf:

Stadt	Bevölkerung am 1. Dezember 1900	Barunterstützung ℳ	Barunterstützung pro Kopf der Bevölkerung ℳ	Offene Armenpflege überhaupt pro Kopf der Bevölkerung ℳ
Oldenburg	26 797	3 452	0.13	0.40
Weimar	28 489	3 906	0.14	0.37
Hamm	31 371	8 424	0.27	0.50
Pirmasens	30 195	9 835	0.326	0.84
Lübeck	82 098	26 817	0.327	0.57
Metz	58 462	20 987	0.36	1.20
Ludwigshafen	61 914	23 107	0.37	0.95
Plauen i. V.	73 888	28 678	0.39	0.48
Brandenburg a. H.	49 250	20 375	0.41	0.47
Kaiserslautern	48 310	22 104	0.46	0.59

Dabei ist denn das Übergewicht der Großstädte mit ihren höheren Lebensmittel- und Wohnungspreisen in der ersten Reihe ebensowenig ein bloß zufälliges, wie die ausschließliche Vertretung von Mittelstädten in der anderen. Für das auffällige Vorkommen der nur rot. 27 000 Einwohner zählenden Stadt Stolp in der Reihe der höheren Kopfquoten kann vielleicht deren Stellung in der Steuerstatistik zur Erklärung mit herangezogen werden. Von allen bei der Erhebung beteiligten 54 preußischen Stadtkreisen — nur für diese liegen die Angaben im einzelnen vor — weist Stolp mit 8.90% (für das Verwaltungsjahr 1900) den niedrigsten Anteil der zur Staatseinkommensteuer veranlagten physischen Personen an der Bevölkerung auf. Für das Vorkommen andererseits von Lübeck unter den Städten mit niedrigster Kopfquote an den in Bar gewährten Unterstützungen ist auf die dort durch eine besonders wirkungsvolle Privatwohltätigkeit herbeigeführte Entlastung der öffentlichen Armenpflege hinzuweisen. Ähnliche Verhältnisse dürften für das gleichfalls der letzteren Reihe angehörende Metz anzunehmen sein, wo nach Lage der überkommenen reichsländischen Gemeindeverfassung den Gemeinden eine gesetzliche Armenfürsorgepflicht überhaupt nicht auferlegt ist. Hier kommt ferner die Stärke der Garnison (22% der Bevölkerung) in Betracht. Schon bei diesen wenigen Beispielen treten die Schwierigkeiten jedes Versuchs einer vergleichenden Betrachtung scharf hervor, entziehen sich doch selbst wesentlich bestimmende Umstände ganz oder in der Hauptsache der statistischen Feststellung.

Auf mindestens 1 Mark pro Kopf der Bevölkerung beläuft sich die Barunterstützung insgesamt in 51 Städten, darunter allein in 22 Großstädten: außer den bereits genannten in Essen (1.49 Mark), Düsseldorf (1.46), Straßburg (1.44), Posen (1.40), Danzig und Kiel (je 1.35), Königsberg und Leipzig (je 1.32), Breslau und Cöln (je 1.28), Nürnberg (1.25), Halle (1.21), München (1.17), Elberfeld (1.11), Frankfurt a. M. (1.06), Magdeburg (1.01).

α) Laufende und einmalige Unterstützungen.

Als laufende Unterstützung sollte zur Erleichterung einheitlicher Anschreibungen schon jede nicht einmalige, nicht durch eine einmalige Zahlung erledigte gerechnet werden. Diese Einfachheit der Begriffsbestimmung ist nicht ohne Erfolg geblieben, indem nur von einer Minderheit im ganzen von 18 Städten die nunmehr so viel leichtere Unterscheidung unterlassen wurde, die dann, wo sie durchgeführt war, meist befriedigende Ergebnisse erbrachte. Das Bezeichnende derselben ist wesentlich ein bedeutendes Übergewicht der laufenden Unterstützungen. Von den 90 Städten, für welche die Unterscheidung vorlag, stellt sich der Anteil dieser Zuwendungen — vergl. Tabelle D zu b (S. 37) — bei nicht weniger als 75 auf über 50% der Gesamtkosten der offenen Armenpflege, auf über 60% noch bei 68, auf über 70 bei 50, auf über 80 noch bei 27 Städten. Dagegen umfassen die einmaligen Unterstützungen über 10% derselben Gesamtzahl nur bei 25, d. i. noch nicht bei einem Drittel aller Städte mit nach dieser Richtung vollständigen Angaben.

Was bezüglich der einmaligen Mietsunterstützungen im Dr. Buehlschen Referat vorausgesagt ist, hat die Erfahrung bestätigt, insofern Angaben überhaupt nur bei einer Minderheit von Städten, im ganzen bei 46 vorlagen, darunter auch Zahlen von ersichtlich nur zufälligem Charakter. In mehreren Fällen waren übrigens auch laufende Mietsunterstützungen verzeichnet, bei denen indessen dahingestellt bleiben muß, ob sie tatsächlich nur für den in der Bezeichnung ausgedrückten Zweck zur Verwendung gelangen (wie dies durch unmittelbare Aushändigung an die Vermieter z. B. in Karlsruhe gesichert ist) oder für denselben zwar beantragt und bewilligt, doch ohne Kontrolle ihrer Bestimmung ausgezahlt werden. Wie dem aber auch sei, beabsichtigt war lediglich die Feststellung der einmaligen Mietsunterstützung, einer Barunterstützung zur Ermöglichung der Wohnungsbeschaffung.

Von den Städten mit derartigen Angaben seien hervorgehoben: Bernburg, Breslau, Charlottenburg, Danzig, Dessau, Dresden, Frankfurt a. O., Fürth, Halle, Hamburg, Hamm, Insterburg, Karlsruhe, Kaiserslautern, Leipzig, München, Neunkirchen, Nürnberg, Offenbach, Oppeln, Plauen i. V., Ratibor, Recklinghausen, Regensburg, Witten, Worms.

β) Zahl der Armenparteien.

Der Versuch, durch die Angabe der Zahl der Armenparteien den durchschnittlichen Betrag der Bewilligungen zu ermitteln, kann nur zu einem Teil als gelungen bezeichnet werden. Allerdings sind gerade hierbei geringere Bürgschaften für durchweg einheitliche Angaben vorhanden. Dies gilt schon bezüglich des Begriffs der Armenpartei, für den der armenrechtliche wie der wirtschaftliche Gesichtspunkt mit an sich gleichem Anspruch auf Berücksichtigung in Betracht kommen kann. Obwohl durch die Erläuterungen des Herrn Dr. Buehl jeder Zweifel beseitigt war, daß das Vorliegen der wirtschaftlichen Selbständigkeit in den Vordergrund treten sollte, scheint dieser Forderung doch nicht immer entsprochen zu sein: insbesondere dürften mitunterstützte Kinder hier und da in die Angabe miteinbezogen worden sein. Abgesehen von diesen Umständen begrifflicher Natur können Abweichungen weiterhin auch durch das eigentliche Rechnungsverfahren entstanden sein: bei der Zusammenstellung aus einzelnen Bezirken kann bei Umzügen dieselbe Armenpartei zweimal oder mehrfach gezählt sein. Ferner kann die Zahl der Empfänger als Durchschnitt bestimmter Zeitabschnitte (Monate, Unterstützungsperioden) oder gewissermaßen nach dem Umsatz im Laufe des ganzen Jahres gewonnen sein. Das erstere Verfahren ist unseres Erachtens das korrektere, insoweit es die im Laufe des Jahres Hinzugetretenen nach Maßgabe des Zeitpunktes ihres Zugangs berücksichtigt, im anderen Falle kommt die erst vom letzten Monat des Verwaltungsjahrs an unterstützte Partei in gleicher Weise zur Anrechnung, als wenn sie schon von Anfang des Jahres an Kostgänger der Armenpflege gewesen wäre, ein Mangel, der bei lebhafter Bewegung von erheblichem Einfluß werden kann. Solange nicht eine individuelle Bearbeitung mittelst fortlaufend geführter Personenblätter und nicht ferner die Berücksichtigung der Unterstützungsdauer Platz greift, die aber schon dem Gebiet der Individualarmenstatistik angehörte und sonach für den vorliegenden Zweck nicht gefordert werden kann, ist das gewiesene Verfahren das der Berechnung des Monatsdurchschnitts, das schon jetzt in nicht seltenen Fällen tatsächlich beobachtet wird, so in Hamburg, wo die Zahl der Armenparteien am Ende jedes Monats festgestellt wird. Aus diesen Zahlen wird dann der Jahresdurchschnitt gewonnen.

Unter diesen Umständen ist es erklärlich, daß nicht gerade nur vereinzelt gebliebene Verwaltungen — 34 unter 108 — eine bezügliche Angabe überhaupt unterlassen haben, und daß bei den anderen die durchschnittliche laufende Unterstützung pro Jahr und Armenpartei sich in so weiten Grenzen bewegt, wie sie durch die Ziffern 34.66 und 231.25 Mk. bezeichnet sind. Beide Ziffern vermögen allerdings der kritischen Betrachtung nicht Stand zu halten. Die erstere nicht wegen des Verdachtes, daß die Grenze zwischen dem in den Erläuterungen klargelegten Begriff der laufenden und demjenigen der einmaligen Unterstützung überschritten ist, indem die Aufwendungen für die letztere die durchaus abnorme, unter allen 108 Städten sonst nur noch ein einziges Mal wieder vorkommende Erscheinung des Überwiegens über den Betrag der laufenden Unterstützungen darbieten. Die andere Ziffer, das Maximum, ist aber schon deshalb zu beanstanden, weil ein derart hoher Betrag mit dem von der betreffenden Stadt vorliegenden, nach der Zahl der Mitzuernährenden abgestuften Unterstützungstarif kaum vereinbar ist. Anders schon liegen die Verhältnisse bei der auf jenes Maximum mit 205.49 Mk. unmittelbar folgenden Ziffer Hamburgs, wo, wie bereits bemerkt, die Angabe der Empfängerzahl schon jetzt in der von uns empfohlenen Art der monatlichen Durchschnittsrechnung erfolgt. Hier kann eine notorisch teuere Lebenshaltung nicht ohne nachhaltige Wirkung auf die Bemessung der Gaben bleiben. Sehr interessante Aufschlüsse in dieser Richtung verdanken wir einer freundlichst übersandten neuerlichen Mitteilung der dortigen Allgemeinen Armenanstalt. Hiernach ergab sich ür den Stand vom 7. Juli d. J. nachstehende Verteilung der laufend unterstützten Armenparteien nach der Höhe der Monatsgaben.

Die monatliche Unterstützung betrug	bei Parteien	Gesamtbetrag der Unterstützungen
ℳ		ℳ
weniger als 6	56	240.05
6 bis 10	658	5 033.37
10 „ 15	2545	30 232.54
15 „ 20	3068	51 162.15
20 „ 25	1951	42 064.25
25 „ 30	202	5 465.00
30 „ 35	212	6 544.00
35 und mehr	233	8 850.00
zusammen:	8925	149 591.36

Über ein Drittel (34.37 %) aller Unterstützungen weisen hiernach Beträge von 15 bis 20 Mk. monatlich auf, über ein Fünftel (21.86 %) solche von 20 bis 25 Mk. Der Anteil der Unterstützungen von über 25 Mk. stellt sich noch auf 7.25 %, das ist fast ebenso hoch, wie für die geringeren Gaben im Betrage von 6 bis 10 Mk. (7.37 %). Nach dem Stande jenes Tages bezifferte sich die Armenportion durchschnittlich auf 16.7609 Mk. monatlich oder 201.13 Mk. jährlich, also nur wenig abweichend von der obigen Ziffer 205.49 Mk., bei welcher überdies die Einbeziehung der Beteranen der Baudeputation eine, wenn auch nur unerhebliche Erhöhung der Ziffer herbeigeführt haben dürfte.

Nach der kritischen Einführung darf die in Tabelle B erfolgende Mitteilung der Ziffern kaum mehr bedenklich erscheinen. Bemerkenswert ist das verhältnismäßig häufigere Vorkommen rheinischer und westfälischer Gemeinden in der Reihe der höheren Ziffern.

b) Naturalunterstützungen.

Angaben über in Natur gewährte Unterstützungen liegen mit Ausnahme von nur 5 Städten sonst durchweg vor, wenn auch nicht selten ohne nähere Gliederung der 3 im Fragebogen unterschiedenen Nahrungsmittelarten (Suppe, Brot, Milch).

Ordnet man die verbleibenden 103 Städte nach ansteigenden Beträgen der auf den Kopf der Bevölkerung entfallenden Ausgabe für die Unterstützungen dieser Art, so beginnt die Reihe mit Oppeln, Kattowitz, Beuthen, Liegnitz, Stolp, Aachen und Barmen (0.01 Mk.) und schließt mit Straßburg (0.52 Mk.), Neunkirchen (0.53 Mk.), Colmar (0.62 Mk.), Metz (0.69 Mk.). Daß es sich bei den elsaß-lothringischen Gemeinden nicht eigentlich um durchweg städtische Aufwendungen handelt, ist schon früher angedeutet worden: Die offene und in der Hauptsache — abgesehen von der Irren- und Waisenpflege — auch die geschlossene Armenpflege sind dort besonderen mit dem Charakter der Selbstverwaltung ausgestatteten Behörden, dem „Armenrat" bezw. den „Spitälern", aber beiden nur fakultativ übertragen, während die Gemeinde in Orten ohne Armenrat oder Spital nur aushilfsweise und gleichfalls nur freiwillig eintritt. Trotzdem stehen, wie sich hier zeigt und auch später wieder zeigen wird, wenigstens die an unserer Statistik beteiligten Städte des Reichslandes in ihren Leistungen dem Gebiet der obligatorischen Gemeindefürsorge für die Armen kaum nach.

Aus der bezüglichen Spalte der die Beträge für die Hauptpositionen der offenen Armenpflege in der Reduktion auf den Kopf der Bevölkerung angebenden Tabelle D zu a (S. 36) läßt sich die nachstehende Übersicht gewinnen.

Auf den Kopf der Bevölkerung entfällt an Kosten der Naturalunterstützungen ℳ	Zahl der Städte	Namen der Städte nach preußischen Provinzen bezw. nach Bundesstaaten, innerhalb derselben in der Ordnung nach der Höhe der Kopfquote
0.00 bis 0.04	27	Oppeln, Kattowitz, Liegnitz, Beuthen, Königshütte, Inowrazlaw, Insterburg, Danzig, Elbing, Stolp, Guben, Altona, Neumünster, Hildesheim, Aschersleben, Münster i. W., Dortmund, Barmen, Aachen, Malstatt-Burbach, Altenessen, Duisburg, Cöln, Kaiserslautern, Plauen i. V., Freiberg i. S., Glauchau
Übertrag:	27	

Auf den Kopf der Bevölkerung entfällt an Kosten der Naturalunterstützungen ℳ	Zahl der Städte	Namen der Städte nach preußischen Provinzen bezw. nach Bundesstaaten, innerhalb derselben in der Ordnung nach der Höhe der Kopfquote
Übertrag:	27	
0.05 bis 0.09	16	Ratibor, Schweidnitz, Görlitz, Königsberg i. Pr., Forst, Potsdam, Frankfurt a. O., Recklinghausen, Essen, Oberhausen, M.-Gladbach, Pforzheim, Worms, Zittau, Gera, Bernburg
0.10 „ 0.14	10	Cottbus, Nordhausen, Hagen, Krefeld, Elberfeld, Heilbronn, Mainz, Freiburg i. Br., Chemnitz, Dessau
0.15 „ 0.19	22	Charlottenburg, Erfurt, Magdeburg, Zeitz, Hannover, Witten, Hamm, Düsseldorf, Coblenz, Frankfurt a. M., Darmstadt, Offenbach, Fürth, München, Regensburg, Ludwigshafen, Dresden, Weimar, Schwerin, Hamburg, Lübeck, Oldenburg
0.20 „ 0.24	7	Breslau, Posen, Berlin, Kiel, Göttingen, Wiesbaden, Stuttgart
0.25 „ 0.29	6	Halberstadt, Hanau, Iserlohn, Rheydt, Mannheim, Leipzig
0.30 „ 0.34	4	Halle, Kassel, Bremen, Karlsruhe
0.35 „ 0.39	5	Weißenfels, Greifswald, Gotha, Pirmasens, Nürnberg
0.40 und mehr	6	Linden, Bonn, Neunkirchen, Straßburg i. E., Colmar, Metz
Zusammen:	103	

Besonders deutlich zeigt sich in dieser Zusammenstellung die stärkere Vertretung des Ostens in den Gruppen der geringeren Kopfquoten. So gehören denselben von den 9 schlesischen Städten alle an — bis auf das eine mittlere Ziffer aufweisende Breslau.

Für den Umfang, den die Aufwendungen für Naturalunterstützungen im Rahmen der offenen Armenpflege überhaupt einnehmen, sind die Verhältnisziffern von Tabelle D zu b (S. 37) bezeichnend. Darnach stellt sich ihr Anteil an den Gesamtkosten der offenen Armenpflege auf:

weniger als 5 % bei 32 Städten,
5 bis unter 10 „ „ 25 „
10 „ „ 15 „ „ 14 „
15 „ „ 20 „ „ 11 „
20 und mehr „ „ 21 „

demnach auf weniger als 20 % bei 4 Fünfteln aller beteiligten Gemeinden.

Berücksichtigt man weiter die Form der Naturalunterstützung, die im Fragebogen nach Wohnung, Nahrungsmitteln mit besonderer Unterscheidung von Suppe, Brot, Milch, sodann nach Kleidung und Hausrat, wie endlich nach Heizmaterial gegliedert ist, so ergeben sich im wesentlichen die folgenden Feststellungen.

α) Wohnung.

Naturalunterstützungen in Form von Wohnungen werden nach den vorliegenden Angaben in 28 Städten gewährt. Ob in den dafür in Rechnung gestellten Wertbeträgen etwaige Verwaltungskosten, wie für Aufsicht pp. der Familienhäuser, immer mitberücksichtigt worden sind, muß dahingestellt bleiben; in verschiedenen Fällen ist es erweislich geschehen. Bei einigen Städten waren die Wertbeträge für die in Armen- oder Obdachlosenhäusern ohne Verpflegung gewährte Unterkunft bei den bezüglichen Positionen der geschlossenen Pflege aufgeführt, während sie nach den Erläuterungen ihrem Charakter entsprechend bei den uns jetzt beschäftigenden Naturalunterstützungen der offenen Pflege einzutragen waren. Soweit für diese Feststellung genügende Grundlagen vorlagen, wurden die entsprechenden Berichtigungen vorgenommen.

Mit verhältnismäßig erheblichen, etwa 1 Fünftel der Aufwendungen für Naturalunterstützungen erreichenden oder übersteigenden Wertbeträgen der Unterstützung durch Gewährung von Unterkunft seien hervorzuheben: Kassel (6692 Mk.), Greifswald (5440 Mk.), Linden (8250 Mk.), Neunkirchen (9134 Mk.), Rheydt (8000 Mk.), Pirmasens (10 804 Mk.). In den beiden letztgenannten Städten stellen sie fast bezw. über 9 Zehntel der für Naturalien überhaupt aufgewandten Beträge dar, wie dies aus der die nähere Gliederung der letzteren nach den einzelnen Verwendungsarten in Hundertteilen angebenden Tabelle C (S. 35) zu entnehmen ist. Hier sind übrigens nur diejenigen Städte berücksichtigt, bei denen die Kopfquote des Naturalienwerts mindestens 0,15 Mk. beträgt.

β) Nahrungsmittel.

Über die Verabreichung von Nahrungsmitteln in der offenen Armenpflege liegen Angaben für 80 Städte vor, darunter bei einigen allerdings völlig geringfügige Zahlen anscheinend nur zufälligen Charakters.

Von den 48 Städten der Tabelle C weist bei 22 die Gruppe der Nahrungsmittel einen Anteil von mindestens 50 % auf, darunter in der Regel am meisten für Brot. Für dieses wichtigste Nahrungsmittel verausgabten 21 von den 39 in der Tabelle aufgeführten Städten, für welche die 3 Arten von Nahrungsmitteln im einzelnen angegeben sind, mindestens ein Drittel des Werts der überhaupt verabreichten Naturalien, während derartige Anteile bei Suppe, zu der auch zubereitete Nahrungsmittel zu rechnen waren, sich nur bei 4 Städten, bei Milch (wohl in der Hauptsache für Säuglings- und Kinderernährung) auch nicht bei einer Stadt zeigen.

γ) Kleidung und Hausrat.

Eine jede der 48 Städte von Tabelle C (S. 35) weist Angaben über gewährte Kleidung oder Hausrat auf. In Bremen, Breslau, Charlottenburg, Düsseldorf und Halle stellen sie mehr als 50 % der überhaupt in Natur gewährten Unterstützungen dar, andererseits erreichen sie noch nicht 10 % insbesondere in Cassel, Frankfurt a. M., Lübeck, Magdeburg, München, Stuttgart.

δ) Heizmaterial.

Die Unterstützung durch Gewährung von Heizmaterial beansprucht über 50 % des Naturalienwerts in Hamburg, Magdeburg, Halberstadt, Offenbach, Fürth, Regensburg, unter 10 % nur in 8, während von 6 — immer der in Tabelle C vertretenen — Städten Angaben über den Armen geliefertes Heizmaterial nicht vorlagen.

Für die weiteren Einzelheiten darf auf jene Tabelle selbst verwiesen werden.

Was endlich das Wertverhältnis von Bar- und Naturalunterstützungen anlangt, so überwiegen, wie Tabelle D zu b (S. 37) zeigt, die ersteren bis auf ganz vereinzelte Ausnahmen sonst durchweg und zwar in sehr beträchtlichem Maße, stellen sie doch selbst mehr als 3 Viertel der Gesamtaufwendungen für die offene Armenpflege in nicht weniger als 76, das ist fast bei 3 Vierteln aller beteiligten Städte dar.

2. Ausgaben für offene Armenkrankenpflege.

Die Ausgaben für die offene Krankenpflege umfassen die Kosten des Heil- und Pflegepersonals, der Heilmittel, sowie die Zuwendungen zur Ermöglichung eines Kuraufenthalts in Bädern, Heilstätten pp.

Die bezüglichen Angaben liegen, wenn auch nicht immer für jede einzelne im Fragebogen unterschiedene Position, so doch für alle Städte und zwar, soweit die Ergebnisse selbst ein Urteil gestatten, in befriedigender Weise vor.

Nach dem auf den Kopf der Bevölkerung entfallenden Anteil an den Gesamtkosten dieser Art läßt sich zunächst die folgende Übersicht aufstellen:

Auf den Kopf der Bevölkerung entfällt an Kosten der offenen Armen-Krankenpflege ℳ	Zahl der Städte	Namen der Städte nach preußischen Provinzen bezw. nach Bundesstaaten, innerhalb derselben in der Ordnung nach der Höhe der Kopfquote
bis 0.04	7	Königshütte, Oppeln, Liegnitz, Brandenburg, Weißenfels, Pirmasens, Chemnitz
0.05 „ 0.09	45	Beuthen, Görlitz, Inowrazlaw, Insterburg, Stargard, Greifswald, Forst, Guben, Altona, Kiel, Hildesheim, Hannover, Erfurt, Zeitz, Aschersleben, Cassel, Hanau, Gelsenkirchen, Dortmund, Hamm, Essen, Neunkirchen, Barmen, Meiderich, Duisburg, Straßburg, Freiburg i. Br., Mannheim, Stuttgart, Regensburg, München, Kaiserslautern, Nürnberg, Fürth, Plauen i. V., Zittau, Freiberg i. S., Leipzig, Dresden, Glauchau, Gera, Weimar, Bernburg, Lübeck, Oldenburg
0.10 „ 0.14	36	Breslau, Schweidnitz, Kattowitz, Ratibor, Königsberg i. Pr., Frankfurt a. O., Charlottenburg, Neumünster, Göttingen, Magdeburg, Halle, Nordhausen, Wiesbaden, Frankfurt a. M., Witten, Recklinghausen, Hagen, Malstatt-Burbach, Altenessen, Elberfeld, Coblenz, Oberhausen, Krefeld, Rheydt, Bonn, Mainz, Offenbach, Worms, Pforzheim, Heilbronn, Dessau, Schwerin
0.15 „ 0.19	15	Posen, Danzig, Cottbus, Berlin, Linden, Münster i. W., Iserlohn, Cöln, M.-Gladbach, Düsseldorf, Metz, Colmar, Karlsruhe, Darmstadt, Hamburg
0.20 und mehr	5	Halberstadt, Aachen, Ludwigshafen, Gotha, Bremen
Zusammen:	108	

Im Vergleich mit der entsprechenden Aufstellung für die Kopfquote an Kosten der Naturalunterstützungen (S. 7) zeigen die Ziffern hier eine sehr viel geringere Beweglichkeit. Eine Gesamtheit von nicht weniger als 45 Gemeinden weist an sich nur geringere Unterschiede auf, das Gleiche gilt von einer anderen, 36 Städte umfassenden Gruppe. Ähnlich aber wie dort tritt auch hier der Osten in den Gruppen der kleineren Kopfquoten hervor. Wenn bei den oberschlesischen und andererseits auch bei den rheinisch-westfälischen Industriezentren mehr die niedrigeren Ziffern vorherrschen, so dürfte darin nicht zuletzt die Wirkung der Krankenversicherung zu erblicken sein, die hier in Hütten-, Berg-, Knappschaftskassen pp. vielfach schon seit langem verwirklicht war.

Für die finanzielle Bedeutung der Armenkrankenpflege, gemessen an den Gesamtaufwendungen für die offene Pflege überhaupt, gewährt wiederum Tabelle D zu b (S. 37) einen Anhalt. Es ergibt sich ein Anteil von

weniger als	5 %	bei 18	Städten,
5 bis unter	10 „	„ 63	„
10 „ „	15 „	„ 22	„
15 „ „	20 „	„ 4	„
20 und mehr	„	„ 1	„

Bei etwa 3 Fünfteln aller beteiligten Gemeinden bedeuten die Aufwendungen dieser Art demnach nur 5 bis 10 % der Gesamtkosten der offenen Armenpflege, 10 bis 15 % bei einem schwachen Fünftel, weniger als 5 % bei 1 Sechstel, dagegen mehr als 15 % durchschnittlich bei einer erst unter 22 Städten, während sich ein derartiger Anteil der Ausgaben für Naturalunterstützungen durchschnittlich schon für jede dritte bis vierte Stadt ergeben hatte. Andererseits kommen ganz niedrige Anteile der Kosten letzterer Art wiederum häufiger (32 : 18) vor.

Die für die Unterteilungen: 1. Entschädigungen der Armenärzte, 2. der Armenhebammen, 3. des Heil- und Pflegepersonals, 4. Heilmittel und 5. Aufenthalt in Bädern pp. gelieferten Angaben sind in Tabelle II zu B (hinter S. 82) zusammengestellt.

a) Armenärzte.

Neben der summarischen Angabe der Beträge war auch die Zahl der Armenärzte erfragt und zum weitaus größten Teil beantwortet.

Aus diesen Angaben wurde die Übersicht (S. 12) der durchschnittlichen Honorarbeträge gewonnen.

Daß in den hier auftretenden Verschiedenheiten eine ungleiche Bewertung der ärztlichen Dienstleistungen an sich zum Ausdruck kommen sollte, kann selbstverständlich nicht behauptet werden, vielmehr dürften sie wesentlich auf das Mehr oder Weniger an Umfang der Bezirke oder der ärztlichen Inanspruchnahme überhaupt zurückzuführen sein. Dies ergibt sich schon aus dem Verhältnis des Honorars zur Zahl der Empfänger namentlich in den Mittelstädten.

Einige Besonderheiten seien hervorgehoben. So ist in Königshütte, Kattowitz, Stargard, Neumünster, Göttingen, Zeitz, Weißen-

Das armenärztliche Honorar beträgt durchschnittlich M	Zahl der Städte	Städte	Gesamtbetrag des Honorars M	Zahl der Ärzte
200 bis unter 300	3	Meiderich, [1])Recklinghausen, Chemnitz	6 100	26
300 „ „ 400	9	Oppeln, Brandenburg, Danzig, Aschersleben, Hagen, Heilbronn, Glauchau, Kaiserslautern, Schwerin	16 327	51
400 „ „ 500	16	Posen, Stolp, Greifswald, Cottbus, Guben, Potsdam, Hildesheim, Gelsenkirchen, Hamm, M.-Gladbach, Barmen, Oberhausen, Colmar, Worms, Stuttgart, Bernburg	43 931	97
500 „ „ 600	19	Liegnitz, Ratibor, Schweidnitz, Inowrazlaw, Elbing, Rixdorf, Forst, Frankfurt a. O., Altona, Weißenfels, Erfurt, Altenessen, [2])Duisburg, Coblenz, [3])Darmstadt, Mannheim, Regensburg, München, Nürnberg. .	64 206	124
600 „ „ 700	16	[4])Görlitz, [5])Beuthen, Insterburg, Linden, [6])Magdeburg, Halberstadt, Hanau, [7])Elberfeld, Malstatt-Burbach, Neunkirchen, Cöln, Offenbach, Pforzheim, [8])Plauen i. V., Zittau, Freiberg. .	52 222	83
700 „ „ 800	6	Cassel, Dortmund, Witten, Aachen, Straßburg i. E., Dessau	28 457	38
800 „ „ 900	7	Breslau, Charlottenburg, Münster i. W., Freiburg i. Br., Leipzig, [9])Lübeck, Bremen	72 277	86
900 „ „ 1000	5	Königshütte, Kattowitz, Stargard, Krefeld, Gotha	12 900	14
1000 und mehr	14	Königsberg i. Pr., Berlin, Neumünster, Göttingen, Zeitz, Nordhausen, Frankfurt a. M., Wiesbaden, Iserlohn, Essen, Düsseldorf, Mainz, Oldenburg, Hamburg	227 763	192
Zusammen:	95		524 183	711

[1]) Außerdem 1882 M für augenärztliches Honorar. — [2]) Außerdem 661 M für Spezialärzte. — [3]) Außerdem 189 M für Spezialärzte. — [4]) Außerdem 300 M für zwei Spezialärzte. — [5]) Außerdem 24 M an einen Spezialarzt. — [6]) Außerdem 600 M für zwei Augenärzte. — [7]) Außerdem 1059 M für erste ärztliche Hilfe und Untersuchung von Obdachlosen und Fremden. — [8]) Außerdem 178 M für Spezialärzte. — [9]) Außerdem 35 M für Spezialärzte.

fels, Nordhausen, Iserlohn, Neunkirchen und Oldenburg nur ein Arzt mit entsprechend höherem Gehalt für die Armenpraxis bestellt, während im graden Gegensatz hierzu in Rheydt und Ludwigshafen freie Ärztewahl für die Armen besteht. In Halle, Bonn und Kiel ist die Behandlung den Universitätskliniken übertragen, in Halle, wo ein Armenarzt nur für die am 1. April 1900 eingemeindeten Vororte angestellt ist,

ist die Entschädigung des Universitätsinstituts nach der Bevölkerung bemessen: pro Kopf 10 Pfg. Für die genannten 5 sowie für 6 andere Städte, für die die Durchschnittsberechnung des Honorars teils überhaupt nicht, teils nicht ohne Bedenken ausführbar ist, beläuft sich der Gesamtbetrag des ärztlichen Honorars auf 75 731 Mk. Für alle vorbehandelten 95 + 11 = 106 Städte — nur in 2 Fällen fehlen die Angaben — stellt er sich auf 524 183 + 75 731 = **599 914 Mk.** jährlich. Hinzutreten noch 4928 Mk. für Spezialärzte, soweit die Angaben für solche getrennt vorlagen.

b) Gegenüber den Ausgaben für Besoldung der Armenärzte treten die gleichfalls erfragten für Armenhebammen naturgemäß sehr zurück. Wo das aber nicht der Fall, da erscheint die Annahme keineswegs unzulässig, daß auch anderweite Entbindungskosten, wie etwa der sachliche Medizinalaufwand den Erläuternngen zuwider hier mit eingerechnet worden sind. Die persönlichen Aufwendungen dieser Art wie diejenigen für das Warte-, Heil- und Pflegepersonal sind in Spalte 17 und 18 von Tabelle II (hinter S. 82) nachgewiesen. Auch bei den letzteren handelt es sich, soweit Angaben überhaupt vorliegen, meist um verhältnismäßig geringfügige Beträge, während die scheinbaren Ausnahmefälle vielleicht gleichfalls mehr auf das hergebrachte Buchungsverfahren, als auf eine Besonderheit der tatsächlichen Verhältnisse zurückzuführen sein dürften.

c) Von größerer Bedeutung sind wiederum die Aufwendungen für Heilmittel. Neben den Ausgaben für Ärztehonorar, das sie nur in 35 Städten übersteigen, in 71 aber nicht erreichen (in 2 Fällen fehlte, wie schon erwähnt, die Angabe der ärztlichen Honorarkosten), bilden sie naturgemäß den wesentlichsten Teil der Kosten der offenen Armenkrankenpflege. Bemerkenswert ist die Feststellung, daß bei dem individuell häufigeren Übergewicht der ärztlichen Honorarkosten diese bei der Gesamtheit der 106 Städte doch um 9 427 Mk. niedriger sind, als die 614 269 Mk. betragenden Aufwendungen für Heilmittel. Allerdings kommt hierbei wesentlich die Wirkung Berlins zur Geltung, wo die Honorarkosten mit 111 900 Mk. um 65 575 Mk. gegen jene andere Ausgabe sächlicher Natur zurückblieben.

Bei der Untergliederung dieser letzteren nach Arzeneien und mechanischen Heilmitteln zeigt sich fast durchweg ein erdrückendes Übergewicht auf seiten der Arzeneikosten.

d) Angaben über Aufwendungen zur Ermöglichung eines Badeaufenthalts pp. liegen nur für eine Minderheit von Städten vor. Auch handelt es sich meist nur um geringfügige Beträge. Solche von mehr als 1000 Mk. sind nur von 11 Städten angegeben: Berlin, Magdeburg, Halberstadt, Frankfurt a. M., Cöln, Iserlohn, Offenbach, Pforzheim, Leipzig, Bremen, Hamburg. Magdeburg weist mit 8002 Mk. den Höchstbetrag auf, der wesentlich durch die Unterbringung in Lungenheilstätten herbeigeführt ist.

Die beiden letzten Ausgabeposten der offenen Armenpflege:

3. Beerdigungskosten
und
4. Reise- und Transportkosten

haben ungeachtet der nach den Erläuterungen hier geforderten Einrechnung auch der anderweit bei der geschlossenen Armenpflege entstandenen Beerdigungs- bezw. Überführungskosten pp. nur eine sehr zurücktretende finanzielle Bedeutung. Das Maß derselben ist in Tabelle D zu a bezw. b (S. 36) sowohl pro Kopf der Bevölkerung als in Hundertteilen der Kosten der offenen Armenpflege überhaupt dargestellt.

Was zunächst die Beerdigungskosten anlangt, so übersteigen sie nur in einer schwachen Minderheit von 18 Städten den Betrag von 3 Pfg. pro Kopf der Bevölkerung, erreichen aber auch unter diesen mit nicht mehr als 6.5 Pfg. (Nürnberg) den Höchstbetrag. Von den Gesamtkosten der offenen Armenpflege umfassen sie dementsprechend meist nur einige wenige Prozenteinheiten: 3 und mehr nur bei 13 Städten.

Noch niedrigere Ziffern ergeben sich für die Reise- und Transportkosten. Die Kopfquote erreicht hier 3 Pfg. nur bei 3 Städten, der Anteil innerhalb der offenen Armenpflege 3 % nur bei 1 Stadt: dem durch seine geringe Armenlast überhaupt besonders ausgezeichneten Oldenburg.

5. Gesamtkosten der offenen Armenpflege.

Bei der schon oben hervorgehobenen überragenden Bedeutung der Barunterstützungen in der offenen Armenpflege bleiben die früheren bezüglichen Feststellungen im großen und ganzen auch maßgebend für den Gesamtaufwand auf diesem Gebiet der Armenfürsorge.

Wie dort stehen auch hier Berlin und Hamburg mit 4.06 bezw. 3.24 Mk. Gesamtkosten der offenen Armenpflege pro Kopf der Bevölkerung an erster Stelle, wie auch die sonstigen nach der einen oder anderen Richtung besonders bemerkenswerten Fälle meist die gleichen sind, die vorkommenden Abweichungen aber wesentlich durch das Mehr oder Weniger der in Natur verabreichten Unterstützungen herbeigeführt werden.

Bei der Ordnung der Städte nach einigen durch die Höhe der Kopfquote bestimmten Gruppen ergibt sich die nachstehende Reihe.

(S. Tabelle S. 15.)

Die große Mehrheit der beteiligten Städte gliedert sich hiernach nach ziemlich gleich starken Schichten. Innerhalb der einzelnen Schicht bestehen verhältnismäßig nur geringere Unterschiede von höchstens 24 Pfg. pro Kopf der Bevölkerung. Bemerkenswert ist es, daß in der obersten Schicht neben Berlin und Hamburg, wo durch eine geringere Kaufkraft des Geldes (insbesondere Wohnungspreise), wie durch eine größere Anziehungskraft auf erwerbslose Elemente besondere Verhältnisse begründet sind, sonst nur rheinische Groß- und Mittelstädte vertreten sind und dies weniger als Folge extensiv, als intensiv größerer Beanspruchung, weniger als Folge des höheren

Auf den Kopf der Bevölkerung entfällt an Kosten der offenen Armenpflege überhaupt ℳ	Zahl der Städte	Namen der Städte nach preußischen Provinzen bezw. nach Bundesstaaten, innerhalb derselben in der Ordnung nach der Höhe der Kopfquote
bis 0.49	4	Brandenburg, Plauen, Weimar, Oldenburg
0.50 „ 0.74	10	Schweidnitz, Beuthen, Hildesheim, Hannover, Hamm, Gelsenkirchen, Dortmund, Freiburg i. Br., Kaiserslautern, Lübeck
0.75 „ 0.99	19	Königshütte, Liegnitz, Insterburg, Stargard, Guben, Rixdorf, Frankfurt a. O., Weißenfels, Witten, Malstatt-Burbach, Heilbronn, Stuttgart, Pirmasens, Ludwigshafen, Glauchau, Zittau, Freiberg i. S., Chemnitz, Gera
1.00 „ 1.24	18	Oppeln, Kattowitz, Elbing, Altona, Göttingen, Zeitz, Aschersleben, Erfurt, Cassel, Hanau, Recklinghausen, Barmen, Altenessen, Metz, Karlsruhe, Pforzheim, Mannheim, Mainz
1.25 „ 1.49	18	Inowrazlaw, Greifswald, Forst, Potsdam, Cottbus, Magdeburg, Nordhausen, Wiesbaden, Frankfurt a. M., Iserlohn, Meiderich, Elberfeld, Neunkirchen, Duisburg, Cöln, Worms, München, Gotha
1.50 „ 1.74	19	Görlitz, Breslau, Ratibor, Königsberg i. Pr., Danzig, Neumünster, Kiel, Linden, Halle, Rheydt, Essen, Oberhausen, Colmar, Offenbach, Darmstadt, Fürth, Leipzig, Schwerin, Bremen
1.75 „ 1.99	13	Posen, Stolp, Charlottenburg, Halberstadt, Münster i. W., Düsseldorf, M.-Gladbach, Coblenz, Regensburg, Nürnberg, Dresden, Dessau, Bernburg
2.00 und mehr	7	Berlin, Hagen, Aachen, Krefeld, Bonn, Straßburg i. E., Hamburg
Zusammen:	108	

Anteils der Armenparteien an der Bevölkerung, als der durch die Gestaltung der Preisverhältnisse notwendig herbeigeführten höheren Bemessung der Unterstützungsportionen. Daneben aber kommt wie bei den anderen Städten auch der Einfluß der vorhandenen Stiftungsmittel, sowie des Umfangs der Privatwohltätigkeit in Betracht, sodaß mit diesen Ziffern keineswegs das letzte und entscheidende Wort gesprochen sein kann: etwa ein Urteil, daß die öffentliche Armenfürsorge dem Bedürfnis hier nicht ausreichend gerecht geworden, dort es über ihre Verpflichtung hinaus gedeckt hätte. Unsere Aufgabe ist aber auch nur die möglichst zuverlässige Feststellung des Aufwandes, wie er sich als Produkt aller zusammenwirkenden örtlichen Umstände: der sozialen Struktur der Bevölkerung, der Preis- und Konsumverhältnisse, der Organisation der Armenpflege tatsächlich ergibt und schon deshalb kann sie eine andere nicht sein, weil, wie schon im Vorwort bemerkt, für die Herausarbeitung dieser Faktoren im einzelnen das taugliche statistische Werkzeug erst noch hergestellt werden muß. Aber auch bei der Untersuchung in den bezeichneten Grenzen begegnen wir selbst bei der offenen Armenpflege gewissen versteckt liegenden Schwierigkeiten, von denen noch die eine hervorgehoben werden soll, die durch den Einfluß der Stiftungen herbeigeführt ist. Die Bestimmung derjenigen von ihnen, deren Erträge zu Zwecken der öffentlichen Armenpflege Verwendung finden, wird nicht immer ganz leicht und eindeutig möglich gewesen sein, indem die Erwägung, daß vielleicht nicht wenige Empfänger der daraus bewilligten Unterstützungen ohne die Stiftung Unterstützung aus öffentlichen Mitteln doch nicht in Anspruch genommen haben würden, die Entscheidung hier und da erschwert haben konnte.

III. Ausgaben für geschlossene Armenpflege.

Größere Schwierigkeiten als bei den Ausgaben der offenen treten bei der geschlossenen Armenpflege hervor und zwar schon bei den städtischen Anstalten, in denen nicht ausschließlich Arme verpflegt werden. Das gilt insbesondere von den städtischen Krankenhäusern. Angesichts der Tatsache, daß eine Verteilung der Verwaltungskosten dieser Anstalten auf Selbstzahler und Arme ein zuverlässiges Ergebnis nicht erwarten läßt, wird von jeder Berücksichtigung dieses Aufwandes Abstand genommen und nur verlangt: die Angabe der Verpflegungskosten unter Zugrundelegung eines festen Verpflegungssatzes, „der da, wo er tatsächlich nicht existiert, fingiert werden muß und zwar nach dem Satze, den die Ortskrankenkassen, eventuell die niedrigste Klasse der Selbstzahler zu entrichten haben." Daß ein derartiges Vorgehen, wenn anders nicht Zahlen nur um ihrer selbst willen ohne Rücksicht auf Glaubwürdigkeit und Beweiskraft in die Rechnung eingeführt werden sollen, durch die tatsächlichen Verhältnisse geboten ist, dürfte mit den nachstehenden Angaben, soweit wir solche den Verwaltungsberichten der Städte — für Berlin dem Statistischen Jahrbuch — für die in städtischen Krankenhäusern Verpflegten haben entnehmen können, zur Genüge bewiesen sein.

Berlin. Krankenhaus:	Im Jahre 1898 wurden aus den linksbezeichneten städtischen Krankenhäusern entlassen	Davon wurden auf öffentliche Kosten der Stadt Berlin verpflegt	d. i. %
Friedrichshain	9 526	4 353	45.70
Moabit	8 947	4 235	47.33
Am Urban	7 982	2 722	34.10
Gitschinerstraße . . .	1 560	312	20.00
Städt. Krankenh. überhaupt:	28 015	11 622	41.48

Brandenburg.	Geschäftsjahr 1900 Verpflegte	Davon Orts- und Landarme	d. i. %
Städtisches Krankenhaus .	830	261	31.45

Breslau.	Geschäftsjahr 1897 Verpflegte	Davon unentgeltlich Verpflegte	d. i. %
Städtisches Krankenhospital zu Allerheiligen . . .	6425	3216	50.05

Coblenz.	Geschäftsjahr 1900 Verpflegte Kranke (ohne Pfründner)	Ortsarme	Fremde durchreisende Kranke	Zusammen	d. i. %
Städtisches Hospital . . .	3113	715	931	1646	52.88

Hamm i. W.	Geschäftsjahr 1899 Verpflegte	Darunter für Rechnung der Armenverwaltung	d. i. %
Städtisches Krankenhaus .	734	141	19.21

Hildesheim.	Geschäftsjahr 1900 Verpflegte	Darunter v. d. städtischen Armenverw. überwiesen	d. i. %
Städtisches Krankenhaus .	1607	476	29.62

Leipzig.	Kalenderjahr 1899 Verpflegte	Darunter für Rechnung des Armenamts	d. i. %
Krankenhaus zu St. Jakob	10 084	1501	14.88

Aus diesen Beispielen geht jedenfalls der für die vorliegende Frage bestimmende Umstand hervor, daß nur eine Minderheit der in den Krankenhäusern Verpflegten dem Bereich der öffentlichen Armenpflege angehört. Den größten Anteil stellen meist die auf Kosten der Krankenkassen aufgenommenen Patienten. Damit dürfte denn die Begründung für das von der Kommission eingeschlagene Verfahren gegeben sein: der Verzicht auf die vollständige Erfassung der Kosten der geschlossenen Armenpflege ist eben durch die tatsächlichen Verhältnisse schlechterdings geboten. Mit dieser Einschränkung ist aber andererseits die Beweiskraft der Ergebnisse zu beurteilen: die geschlossene Armenkrankenpflege kommt nicht sowohl mit dem tatsächlichen, als mit dem tarifmäßigen Aufwande des Ortsarmenverbandes einschl. der für andere Armenverbände verauslagten Beträge zur Anrechnung. Mit Rücksicht auf die somit bei der Beurteilung der Zahlen notwendige Vorsicht ist von der Berechnung der Kopfquoten der Ausgaben für die einzelnen Arten der Anstalten Abstand genommen worden und nur für die Gesamtkosten der geschlossenen Armenpflege in der angegebenen engeren Begriffsbegrenzung ist sie in Tabelle H (S. 46) mitgeteilt. Dagegen sind diese Angaben in Hundertteilen in Tabelle E dargestellt.

Was zunächst die Ausgaben für

1. Krankenhauspflege

anlangt, so wird ihre Bedeutung im Rahmen der gesamten geschlossenen Armenpflege wesentlich beeinflußt durch das Vorhandensein der Anstalten für dauernde Verpflegung, bei denen, wie später noch näher dargelegt werden wird, die Verwaltungskosten der eigenen Anstalten grundsätzlich voll zur Anrechnung kommen, wodurch die Prozentziffern der nur nach den Tarifsätzen angesetzten Beträge der Krankenhauskosten mehr oder minder herabgedrückt werden, wie dies in den Zahlen von Tabelle E (S. 40) häufig hervortritt.

Wenn in der Tabelle die bezüglichen Angaben einiger Städte, für welche sie geliefert waren, außer Betracht geblieben sind, so geschah dies wesentlich aus dem Grunde, daß sie mit Rücksicht auf anderweite Informationen notwendig zu beanstanden waren. Für die Feststellung der die Grundlage der tarifmäßigen Kostenermittlung bildenden Zahl der vom Ortsarmenverband dem Krankenhaus überwiesenen Personen, so bedeutungsvoll sie an sich ist, fehlt es noch hier und da an den erforderlichen Buchungsgrundlagen, mit deren Beschaffung im eigenen Interesse der Armenverwaltungen nunmehr vorgegangen werden sollte. In diesen immerhin vereinzelten Fällen erwuchsen dem Bearbeiter erhebliche Schwierigkeiten, die er nach Möglichkeit auf Grund der Verwaltungsberichte oder Haushaltspläne zu beseitigen versuchte. Bei einigen Städten konnte denn das Vorliegen irrtümlicher Behandlung an dieser Stelle des Fragebogens festgestellt werden, wesentlich in der Richtung, daß alle im städtischen Krankenhaus Verpflegten anstatt nur der armen in Rechnung gestellt waren. Ob es gelungen ist, alle derartigen Fehlerquellen aufzudecken, muß dahingestellt bleiben, da die bezeichneten Hilfsmittel nur aus einer Reihe der beteiligten Städte dem Verfasser vorlagen und auch, soweit es der Fall war, Material zur Beseitigung der auftauchenden Zweifel doch nicht immer enthielten.

Besonders zu erwähnen ist, daß in der Ziffer Cassels auch die der Stadt auf Grund des Charitébriefs vom 18. Februar 1785 zustehende kostenlose Verpflegung im Landkrankenhause (im Berichtsjahr 395 Personen mit 13 154 Verpflegungstagen) nach dem Einheitssatz von 1 Mk. mit eingerechnet ist.

Bei der Gliederung der Städte nach der Höhe dieses Anteils ergibt sich im übrigen die folgende nach Maßgabe der vorstehenden Darlegungen zu beurteilende Übersicht.

Der Aufwand für Krankenhausverpflegung beträgt

Prozente der Kosten der geschlossenen Armenpflege	Zahl der Städte	Namen der Städte nach preußischen Provinzen bezw. nach Bundesstaaten, innerhalb derselben in der Ordnung nach der Höhe des Prozentanteils
über 10 bis 24.9	22	Liegnitz, Schweidnitz, Greifswald, Cottbus, Kiel, Neumünster, Weißenfels, Nordhausen, Cassel, Altenessen, Aachen, Heilbronn, Kaiserslautern, Nürnberg, Fürth, München, Dresden, Freiberg i. S., Glauchau, Gera, Lübeck, Oldenburg
25.0 bis 49.9	53	Breslau, Beuthen, Posen, Insterburg, Elbing, Stolp, Potsdam, Guben, Hildesheim, Göttingen, Linden, Hannover, Halberstadt, Zeitz, Erfurt, Halle, Hanau, Münster i. W., Witten, Dortmund, Iserlohn, Hamm, Gelsenkirchen, Hagen, Neunkirchen, Elberfeld, Barmen, Düsseldorf, M.-Gladbach, Krefeld, Malstatt-Burbach, Rheydt, Bonn, Oberhausen, Duisburg, Karlsruhe, Pforzheim, Mannheim, Darmstadt, Mainz, Offenbach, Worms, Stuttgart, Ludwigshafen, Leipzig, Plauen, Gotha, Weimar, Dessau, Bernburg, Schwerin, Hamburg, Bremen
50.0 und mehr	22	Königshütte, Kattowitz, Ratibor, Oppeln, Inowrazlaw, Danzig, Stargard, Forst, Charlottenburg, Rixdorf, Altona, Frankfurt a. M., Wiesbaden, Recklinghausen, Meiderich, Cöln, Essen, Coblenz, Straßburg, Freiburg i. Br., Pirmasens, Chemnitz
Zusammen:	97	Städte,

von denen hiernach über die Hälfte der mittleren Gruppe angehört.

In Ansehung der Gliederung nach kommunalen und sonstigen Krankenanstalten ist zu bemerken, daß bei nahezu 2 Dritteln der vorgenannten Städte die Aufwendungen für die ersteren Anstalten und zwar meist sehr beträchtlich überwiegen, wie dies aus Tabelle E (S. 40) des näheren zu ersehen ist. Bei der großen Mehrzahl des anderen Drittels beziehen sich die Angaben ausschließlich auf sonstige Anstalten und nur in Düsseldorf, Gotha, Pirmasens, Rixdorf und Weißenfels sind die Aufwendungen für Krankenversorgung in nicht kommunalen Anstalten die höheren.

Eine Übersicht über die durchschnittliche Verpflegungsdauer in städtischen und sonstigen Krankenanstalten wird in Tabelle F (S. 43) mitgeteilt. Auch hierbei sind Angaben, die mit den bezüglichen Daten der Verwaltungsberichte schlechterdings nicht in Einklang zu bringen waren, außer Betracht geblieben. In den beiden letzten Spalten der Tabelle sind die Verpflegungstage auf den Kopf der Bevölkerung reduziert.

Bemerkenswert ist es, daß die durchschnittliche Verpflegungsdauer in den städtischen Anstalten nicht unter 18.16 (Dresden), in den sonstigen nicht unter 15.69 (Guben) herabsinkt. Wo sie extrem hohe Beträge aufweist, dürfte dies vielleicht durch das Vorhandensein von Siechenabteilungen in den städtischen Krankenhäusern bezw. durch die sonstigen Krankenhäusern überwiesenen Siechen herbeigeführt sein, die freilich nicht hier, sondern an anderer Stelle — unter III. B. a. 2 — des Fragebogens aufzuführen waren. Inwieweit aber die hohen Durchschnitte durch solche absolute Beträge, die das Spiel des Zufalls ausschließen, gestützt sind, dafür gibt die Kopfquote an Verpflegungstagen immerhin einigen Anhalt. So wird die Bedeutung der hohen durchschnittlichen Verpflegungsdauer in den nichtstädtischen Anstalten Plauens durch den Mangel einer geltenden Ziffer bei der auf 2 Dezimalstellen berechneten Kopfquote an Verpflegungstagen sehr erheblich herabgedrückt. Die der Durchschnittsberechnung zu Grunde liegenden Zahlen der Verpflegten, sowie der Verpflegungstage für die verschiedenen Arten von Anstalten der geschlossenen Armenpflege sind der Tabelle V (S. 60) zu entnehmen.

2. Irrenpflege.

Die Irren- und Gebrechlichenpflege ist in den meisten Bundesstaaten des Geltungsbereichs des Unterstützungswohnsitzgesetzes vom 8. März 1871 den Landarmenverbänden aufgelegt. Diese tragen nach dem preußischen Gesetz vom 11. Juli 1891 die allgemeinen Verwaltungskosten der Anstalten und die Beerdigungskosten der in der Anstalt Verstorbenen. Die sonstigen Kosten werden durch Vermittlung des Kreises vom endgültig unterstützungspflichtigen Ortsarmenverband eingefordert, der höchstens zu einem Drittel der von ihm verursachten Kosten vom Kreise herangezogen werden darf. Die an unserer Statistik beteiligten Städte, die mit wenigen Ausnahmen selbst Stadtkreise sind, haben die Kosten, abgesehen von denjenigen für die Verwaltung pp., demnach voll zu ersetzen. Städte mit eigenen Anstalten der bezeichneten Art können gegen ihren Willen nicht verpflichtet werden, an der betreffenden

Einrichtung des Landarmenverbandes teilzunehmen und haben für die Entlastung des letzteren Anspruch auf einen Kostenzuschuß.

In Bayern, wo die Ersatzpflicht für Armenaufwendungen überhaupt derjenigen Gemeinde obliegt, in welcher der unterstützte bayerische Staatsangehörige, sei es durch Geburt, sei es durch Erfüllung sonstiger, wesentlich an einen mehrjährigen Aufenthalt geknüpfter Bedingungen „heimatsberechtigt“ ist, greift eine Zusammenfassung zu weiteren Verbänden nicht Platz. Im Falle des Nichtvorhandenseins des Heimatsrechts aber besteht ein Ersatzanspruch unmittelbar an den Staat.

In Elsaß-Lothringen wiederum ist die Fürsorge für Geisteskranke, wie übrigens auch für Findel- und Waisenkinder den Bezirken übertragen und zwar unter obligatorischer Heranziehung der Gemeinden, die, wie bereits früher bemerkt, aber auch nur auf diese Zweige der Armenfürsorge beschränkt ist.

Nach dieser Vorbemerkung zur allgemeinen Orientierung wird hinsichtlich der absoluten Kostenbeträge für Irrenpflege auf Tabelle III (hinter S. 82), hinsichtlich ihres Anteils am Gesamtaufwande der geschlossenen Armenpflege auf Tabelle E verwiesen. Die Ziffern bleiben hinter denen für die Krankenhauspflege meist erheblich zurück. Unter den 96 in der letzteren Tabelle ververtretenen Städten zeigt sich nur bei 16 (Altenessen, Cassel, Cottbus, Fürth, Gera, Halberstadt, Hanau, Leipzig, Liegnitz, Lübeck, Neunkirchen, Nordhausen, Nürnberg, Oldenburg, Schweidnitz, Weißenfels) das entgegengesetzte Verhältnis, worunter 4 mit teilweise oder vollständig fehlenden Angaben für Gebrechlichenfürsorge, die vielleicht bei den Ziffern für die Irrenpflege mit zur Anrechnung gelangt sind.

Bezüglich der wenigen Städte, aus denen zwar Angaben über die sonstigen Zweige der geschlossenen Armenpflege, nicht aber über Irrenpflege vorliegen, dürfte oder sollte die Annahme zulässig sein, daß die Kosten vollständig vom Landarmenverband getragen werden.

In Ansehung der Gliederung nach kommunalen und sonstigen Irrenanstalten läßt die Tabelle nur ein selteneres Vorkommen der ersteren erkennen, wobei es sich bei einzelnen derselben auch nur um besondere Abteilungen anderer Anstalten zu handeln scheint. Allein oder doch zu einem erheblichen Teil wird, soweit Angaben vorliegen, der Aufwand für Irrenpflege durch eigene Anstalten bestritten in Altona, Bonn, Bremen, Breslau, Cassel, Danzig, Dresden, Elbing, Hamburg, Leipzig, Rheydt.

Die Anzahl der in Irrenanstalten Verpflegten ist in Tabelle V (S. 60) angegeben.

Der Aufwand für

3. Gebrechlichenfürsorge

ist wie der für die schon früher behandelten Arten der geschlossenen Armenpflege aus Tabelle III (hinter S. 82), in Verhältnisziffern aus Tabelle E (S. 40) zu entnehmen. Die finanzielle Bedeutung tritt hier gegenüber der Irrenfürsorge meist erheblich zurück, wie ein Gleiches bei letzterer gegenüber der

Krankenhausverpflegung festzustellen war. Wo das Übergewicht aber auf seiten der Gebrechlichenfürsorge liegt, ist es nicht gerade selten nur ein scheinbares, indem die Irrenfürsorge in einigen Städten, wie in Darmstadt, Mainz pp. vollständig vom Landarmenverband, in anderen, den preußischen eingekreisten Städten jedenfalls zum größeren Teile vom Kreise bestritten wird, teils mag es sich aus dem Zahlenverhältnis der beiden Arten von Verpflegten (vgl. Sp. 7 und 13 von Tabelle V, S. 60) erklären, so in Freiberg i. S., Gotha, Heilbronn, Insterburg, Iserlohn, Stolp, wobei freilich die Wirkung nur formeller Unterschiede der Rubrizierung nicht ganz ausgeschlossen zu werden braucht.

Ein bemerkenswertes Ergebnis liefert die Aufrechnung der Zahlen der auf Kosten der öffentlichen Armenpflege verpflegten Geisteskranken und Gebrechlichen. Für alle im einzelnen unterschiedenen Arten der letzteren liegen vollständige Angaben im ganzen für 65 Städte vor. Für diese aber ergeben sich insgesamt die folgenden Zahlen:

Zahl der Städte	Geisteskranke	Epileptiker	Idioten	Blinde	Taubstumme	Krüppel	Gebrechliche zus.
65	9498	930	1384	285	284	63	2946

Von den hierbei vertretenen Großstädten seien besonders hervorgehoben:

	Geisteskranke	Epileptiker	Idioten	Blinde	Taubstumme	Krüppel	Gebrechliche zus.
Aachen	449	26	43	4	—	—	73
Barmen	245	38	16	6	23	—	83
Bremen	267	42	60	11	—	5	118
Breslau	677	27	76	15	6	—	124
Cöln	799	79	81	24	13	—	197
Danzig	392	16	5	7	—	3	31
Düsseldorf	214	29	44	6	13	—	92
Elberfeld [1]	249	38	67	7	6	—	118
Essen	108	33	43	3	—	—	79
Hamburg	2054	108	258	60	55	2	483
Hannover	222	23	42	5	10	6	86
Leipzig	1179	53	32	16	20	10	131
Kiel	143	10	20	2	1	1	34
Stuttgart	92	26	38	16	1	8	89

[1]) Einschl. der im Armenhaus untergebrachten 12 Geisteskranken, 9 Epileptiker, 32 Idioten, 4 Blinden und 4 Taubstummen.

Hier tritt vor allem Aachen durch eine verhältnismäßig hohe Zahl der Geisteskranken hervor, was um so bemerkenswerter, als man sonst vielfach geneigt ist, vorwiegend katholischen Bevölkerungen bei ihrem festeren Zusammenhang mit der Kirche, bei der der einzelne gerade in den Zeiten schwerer Gemütserschütterungen eine Zuflucht sucht, eine geringere Bedrohung zuzusprechen. Indessen kommt dabei aber auch die Stellung im Berufsleben, die allgemeine soziale Lage zur Wirkung, durch die bei industriellen Bevölkerungen leicht ein Einfluß in entgegengesetzter Richtung herbeigeführt sein kann.

4. Siechen-, Armen- und Arbeitshäuser.

Die weitgehenden Unterschiede in den bereits behandelten Verhältnisziffern von Tabelle E werden nicht zum geringsten durch das Vorhandensein von Anstalten für dauernde Verpflegung, wie Siechen- und Armenhäusern, sowie von Arbeitsanstalten bestimmt, das ist von Zweigen der geschlossenen Armenpflege, bei denen die finanzstatistische Darstellung auf wesentlich breiterer Grundlage zu erfolgen vermag.

Im Gegensatz zu den oben näher behandelten einschlägigen Verhältnissen bei den Krankenhäusern bilden selbstzahlende Pfleglinge bei Siechen- und Armenhäusern, falls sie bei diesen überhaupt in Frage kommen, nur die Ausnahme. Da die Schwierigkeiten der zutreffenden Ermittlung des auf die Armenpfleglinge entfallenden Anteils an den Verwaltungskosten damit im wesentlichen fortfallen, so findet hier die Berücksichtigung dieser Kosten mit der Maßgabe statt, daß die Leistungen etwaiger Selbstzahler bei den Ausgaben in Abgang gestellt werden. Es muß nun freilich dahingestellt bleiben, ob die Verwaltungsausgaben, soweit ihre Angabe überhaupt vorliegt, überall in ihrer vollen finanztechnischen Bedeutung berücksichtigt wurden, ob insbesondere die ideellen Ausgaben, wie für Verzinsung und Tilgung der Anlage- und Einrichtungskosten bezw. der Mietswert der Anstaltsräume mit eingerechnet sind. Hier vermag die bessernde Hand das bei der erstmaligen Ausfüllung des Formulars etwa Versäumte später nachzuholen. Mit Rücksicht weiter auf die Heranziehung der arbeitsfähigen Elemente vielfach schon in den Armenhäusern, durchweg in den Arbeitshäusern zu gewerblicher oder landwirtschaftlicher Arbeit sollen die aus dieser erzielten Erträge voll angegeben und sodann von dem Gesamtaufwande der Anstalt in Abzug gebracht werden. Etwaige den Pfleglingen für ihre Arbeitsleistung gewährte Barentschädigungen sind dabei als Verwaltungsaufwand in Ansatz zu bringen, ein Verfahren, welches der Kommission wesentlich mit Rücksicht auf die möglichst vollständige und einheitliche Feststellung der finanziellen Bedeutung der Anstaltsarbeit, soweit sie nicht eigentliche Hausarbeit im Anstaltsbetrieb ist, als das gewiesene erschien und als solches um so eher erscheinen konnte, als bei der praktischen Durchführung erhebliche Schwierigkeiten hierbei kaum zu erwarten waren.

Für Siechen- und Armenhäuser einerseits, Arbeitshäuser andererseits — soweit die Trennung durchführbar — ist die Ermittlung des Nettoaufwandes in Tabelle IV (S. 56) erfolgt. Unter den Städten, für welche die bezüglichen Angaben wenigstens formell vollständig geliefert sind, seien mit größeren Erträgen der Anstaltsbetriebe hervorgehoben:

a) bei den Siechen- und Armenhäusern: Hamburg 373 467 Mk. Ertrag, Chemnitz (einschl. des Arbeitshauses) 21 760 Mk., Königsberg i. Pr. 18 206 Mk., Gotha 17 915 Mk., Magdeburg (Armen- und Arbeitsanstalt) 17 731 Mk., Kiel 13 720 Mk., Danzig (einschließlich Arbeitshaus) 12 432 Mk.

b) bei den Arbeitshäusern: Breslau 132 834 Mk., Dresden 93 426 Mk., Stuttgart 23 714 Mk.

Wenn besondere Angaben über Arbeitshäuser nur bei einer geringen Minderheit von Städten vorliegen, so ist dies in manchen Fällen nur darauf zurückzuführen, daß es sich dabei nicht um selbständige, sondern anderen Anstalten, insbesondere Armenhäusern angegliederte Einrichtungen handelt, wie dies von einigen in den Anmerkungen zur Tabelle angegebenen Städten ausdrücklich hervorgehoben worden ist. Hätte hiernach die Zusammenfassung zu einer Gruppe in Betracht kommen können, so wurde dennoch und zwar aus dem Grunde davon Abstand genommen, daß in nicht gerade wenigen Städten bei diesen Gesamtanstalten die Zweckbestimmung der Siechenversorgung im Vordergrund steht.

Über den Umfang der Aufwendungen für Siechen- und Armenhäuser im Rahmen der geschlossenen Armenpflege überhaupt gibt Tabelle E (S. 40) Auskunft. Hierbei sind denn die nur wenig ins Gewicht fallenden Aufwendungen für in fremden Anstalten untergebrachte Personen mit berücksichtigt.

Der Aufwand für die in eigenen und anderen Siechen- und Armenhäusern untergebrachten Personen beträgt

Prozente der Kosten der geschlossenen Armenpflege	Zahl der Städte	Namen der Städte nach preußischen Provinzen bezw. nach Bundesstaaten, innerhalb derselben in der Ordnung nach der Höhe des Prozentanteils
bis 24.9	31	Beuthen, Oppeln, Königshütte, Posen, Greifswald, Stolp, Forst, Rixdorf, Charlottenburg, Altona, Hannover, Weißenfels, Hanau, Frankfurt a. M., Wiesbaden, Dortmund, Gelsenkirchen, Witten, Coblenz, Essen, Krefeld, Cöln, Bonn, Straßburg i. E., Mannheim, Freiburg i. Br., Pirmasens, Chemnitz, Weimar, Lübeck, Bremen
25.0 bis 49.9	42	Schweidnitz, Breslau, Insterburg, Danzig, Stargard, Cottbus, Guben, Potsdam, Göttingen, Linden, Hildesheim, Erfurt, Halle, Cassel, Hagen, Recklinghausen, Hamm, Iserlohn, Münster i. W., M.-Gladbach, Barmen, Malstatt-Burbach, Altenessen, Rheydt, Elberfeld, Düsseldorf, Oberhausen, Pforzheim, Karlsruhe, Offenbach, Worms, Stuttgart, Ludwigshafen, Nürnberg, Plauen, Leipzig, Gera, Gotha, Dessau, Bernburg, Schwerin, Hamburg
50.0 und mehr	15	Liegnitz, Neumünster, Kiel, Nordhausen, Zeitz, Aachen, Mainz, Darmstadt, Heilbronn, München, Fürth, Kaiserslautern, Dresden, Glauchau, Freiberg i. S.
Zusammen:	88	Städte,

für welche auch die Gesamtkosten der geschlossenen Armenpflege angegeben waren. Die Ziffern von Danzig, Nordhausen, Chemnitz und Plauen beziehen sich mit auf das mit dem Armen- bezw. Siechenhaus verbundene Arbeitshaus. Die etwas weite Begrenzung der vorstehenden Gruppen erfolgte wesentlich mit Rücksicht auf das nicht seltene Fehlen der Angaben über die Verwaltungskosten, wodurch denn einer allzu eingehenden Spezialisierung Schranken geboten waren.

Besondere Angaben über die Unterbringung in Arbeitshäusern lagen für 23 Städte vor. Wo dafür nur geringere Beträge aufgewandt sind, handelt es sich meist um Unterbringung in nicht eigenen Anstalten, so in Linden, Hannover, Krefeld, Cöln, Witten, Bremen, Mainz, Pforzheim, Karlsruhe, Mannheim, Freiburg i. Br. Der Anteil dieser Kosten an dem Gesamtaufwand für die geschlossene Armenpflege erreicht hier höchstens 4.92 % (Mainz), und übersteigt 1 % nur noch in Linden (1.21 %) und Hannover (1.50 %). Für die übrigen 12 Städte ergibt sich nachstehende Ordnung nach der Höhe dieses Anteils:

Die Kosten der Unterbringung in Arbeitshäusern betragen

Prozente der Gesamtkosten der geschlossenen Armenpflege	Zahl der Städte	Städte
unter 10.0	7	Breslau, Göttingen, Wiesbaden, Duisburg, Stuttgart, Heilbronn, Nürnberg
10.0 bis 24.9	1	Dresden
25.0 und mehr	4	Greifswald, Weimar, Lübeck, Oldenburg
Zusammen:	12	

5. Obdachlosenhäuser.

Bei den Angaben über die Kosten der Unterbringung in Obdach waren mehrfach Umstellungen in das Gebiet der offenen Armenpflege (Naturalunterstützung durch Wohnung) erforderlich, da den Erläuterungen gemäß bei der geschlossenen Pflege nur diejenigen Anstalten aufgeführt werden sollten, in denen neben der Unterbringung in Wohnung auch Verpflegung irgend welcher Art und sei es auch nur in Gestalt einer einmaligen Mahlzeit (z. B. Abend- oder Morgensuppe) gewährt wird. Durch eine schärfere Fassung der bezüglichen Fragen im neuen Formular dürfte die sorgfältigere Beachtung dieser Unterscheidung für die Zukunft herbeigeführt sein.

Unter den 27 Städten, für welche Angaben in Tabelle E vorliegen, bleibt der Anteil der Aufwendungen für Obdach im angegebenen Sinne bei 22 unter 5 % der Gesamtkosten der geschlossenen Armenpflege. Bei 5 dieser Städte war die Gliederung nach den im Fragebogen unterschiedenen beiden Gruppen des Familien- und des nächtlichen (das ist nur auf die Nacht beschränkten) Obdachs nicht durchgeführt, bei 13 beziehen sich die Ziffern ausschließlich auf die letztere Gruppe: Breslau, Posen, Guben, Charlottenburg, Dortmund, Iserlohn, Cöln, Krefeld, Neunkirchen, Fürth, München, Nürnberg, Glauchau.

6. Die Gesamtkosten der geschlossenen Armenpflege

im früher erläuterten Sinne mögen endlich in der Reduktion auf den Kopf der Bevölkerung noch kurz behandelt werden. Zur Hervorhebung nur des Wichtigeren beschränken wir uns auf die Mitteilung der Gliederung der Städte nach der Höhe der Kopfquote.

Auf den Kopf der Bevölkerung entfällt an Kosten der geschlossenen Armenpflege überhaupt ℳ	Zahl der Städte	Namen der Städte nach preußischen Provinzen bezw. nach Bundesstaaten, innerhalb derselben in der Ordnung nach der Höhe der Kopfquote
bis 0.49	15	Kattowitz, Königshütte, Beuthen, Schweidnitz, Inowrazlaw, Insterburg, Elbing, Stargard, Recklinghausen, Neunkirchen, Malstatt-Burbach, Ludwigshafen, Pirmasens, Kaiserslautern, Weimar
0.50 bis 0.74	15	Ratibor, Liegnitz, Oppeln, Cottbus, Neumünster, Zeitz, Weißenfels, Dortmund, Witten, Meiderich, Rheydt, Mannheim, Heilbronn, Glauchau, Dessau
0.75 „ 0.99	14	Greifswald, Forst, Charlottenburg, Hanau, Hamm, Duisburg, Altenessen, Freiburg i. Br., Fürth, Nürnberg, Chemnitz, Plauen, Gera, Bernburg
1.00 „ 1.24	17	Stolp, Rixdorf, Altona, Erfurt, Halberstadt, Cassel, Gelsenkirchen, Oberhausen, Barmen, Pforzheim, Karlsruhe, Worms, Darmstadt, Freiberg i. S., Leipzig, Gotha, Oldenburg
1.25 „ 1.49	15	Posen, Guben, Göttingen, Hannover, Linden, Halle a. S., Nordhausen, Wiesbaden, Krefeld, Elberfeld, M.-Gladbach, Stuttgart, München, Schwerin, Lübeck
1.50 „ 1.74	6	Potsdam, Kiel, Hagen, Essen, Mainz, Dresden
1.75 „ 1.99	2	Breslau, Offenbach
2.00 und mehr	13	Danzig, Hildesheim, Frankfurt a. M., Münster i. W., Iserlohn, Düsseldorf, Cöln, Bonn, Coblenz, Aachen, Straßburg, Hamburg, Bremen
Zusammen:	97	

Gegenüber der entsprechenden Aufstellung für die Kosten der offenen Armenpflege, die sämtliche 108 Städte umfaßte, zeigt die vorstehende insbesondere eine wesentlich stärkere Besetzung der Gruppe mit den höchsten Ziffern. Unter diesen steht an erster Stelle Straßburg mit einer Kopfquote von 4.98 Mk., die sich bei Anrechnung der Bezirksleistungen für Irren- und Waisenpflege um weitere 0.13 Mk. erhöht. Wie den schon erwähnten Erläuterungen zum Straßburger Fragebogen zu entnehmen, erklärt sich die hohe Ziffer aus der Aufnahme Armer aus dem ganzen Lande in die geschlossene Pflege, für deren Kostendeckung der Spitalverwaltung Erstattungen auf Grund bestimmter Pflegesätze von den Bezirken und selbst von der Universität zufließen.

IV. Ausgaben für Kinderpflege.

Als Aufwendungen für Kinderpflege sollten diejenigen für Waisen- oder solche Kinder gerechnet werden, „die sich nicht in wirtschaftlicher Gemeinschaft mit den Eltern oder einem Elternteile befinden“ (Buehl: Einheitliche Gestaltung der Armenfinanzstatistik S. 20). Nur bei der „ergänzenden Fürsorge“ durch Unterbringung in Krippen, Warteschulen, Kinderhorten, Kinderheilstätten oder durch Gewährung von Schulspeisung oder Schulbekleidung, die demnach eine dauernde oder vollständige Verpflegung nicht darstellt, war von jener Bedingung Abstand zu nehmen. Hiermit war der Begriff der Kinderpflege als besonderer Zweig des Armenwesens klar festgelegt.

Entsprechend der Gliederung der vollständigen Fürsorge im Fragebogen nach

a) den Unterhaltungskosten der eigenen Anstalten mit Unterteilung wie bei den früher behandelten Siechen-, Armen- und Arbeitsanstalten in Verpflegungs- und Verwaltungsaufwand

b) den Zahlungen an fremde Anstalten

c) dem Aufwand für die in Familienpflege untergebrachten Kinder, sind die Ergebnisse in Tabelle VI zu A (S. 64) zusammengestellt.

In 41 Städten begegnen wir eigenen Anstalten, darunter — vergleiche Tabelle G (S. 44) — in 13 mit Ansprüchen auf mindestens die Hälfte des gesamten Aufwandes für die vollständige Fürsorge, in 11 auf höchstens ein Viertel desselben, darunter Berlin, Breslau, Frankfurt a. M., Hannover, Krefeld, Leipzig. Der mittleren und stärksten Gruppe mit Ziffern von einem Viertel bis zur Hälfte jenes Betrages gehören unter anderen an: Aachen, Barmen, Danzig, Dortmund, Essen, Halle, Hamburg, Königsberg, Magdeburg, Nürnberg. Eine vollständige Deckung des Bedürfnisses bieten die eigenen Anstalten nirgends, wenn einer solchen auch einzelne Städte, wie Chemnitz, Hildesheim, Straßburg ziemlich nahe kommen. Meist erfolgt sie durch Unterbringung in andere Anstalten und zugleich in Familienpflege, die aber ersichtlich bevorzugt, in nicht weniger als 13 (durchweg) Mittelstädten nach den vorliegenden Angaben sogar ausschließlich gewählt wird. Unter den übrigen Städten, bei denen die Familienpflege einen Anteil von mehr als 3 Vierteln des finanziellen Aufwands beansprucht, seien hervorgehoben: Berlin, Bernburg, Bremen, Cassel, Charlottenburg, Darmstadt, Dessau, Frankfurt a. M., Hannover, Kiel, Leipzig, Lübeck.

Die Gliederung der Zahl der verpflegten Kinder nach den 3 Arten der Unterbringung ist in Tabelle VII (S. 68) mitgeteilt, in der auch die Pflegesätze in der ursprünglichen Art ihrer Aufführung verzeichnet sind.

Was die ergänzende Fürsorge anlangt, so tritt sie gegenüber der vollständigen bis auf wenige, vielleicht auch nicht ganz zweifelsfreie Ausnahmen naturgemäß weit in den Hintergrund. Der nicht selten gänzliche Mangel an Angaben dieser Art dürfte mit auf die Bestimmung zurückzuführen sein, wonach hier nur die von der Armenverwaltung selbst unterhaltenen Krippen pp., oder die von ihr dahin überwiesenen Pfleglinge zu berücksichtigen waren, während die in der Form von Zuschüssen an Vereine, Stiftungen pp. mit derartiger Zweckbestimmung betätigte Fürsorge bei den „Ergänzungen der öffentlichen Armenpflege" zur Erscheinung kommen sollte — eine Unterscheidung, die wesentlich von dem Interesse eingegeben war, welches die ihren Zwecken von der Verwaltung unmittelbar, also unter deren eigenen Kontrolle zugeführten Aufwendungen darbieten.

Auf den Kopf der Bevölkerung entfällt an Kosten der Kinderpflege ℳ	Zahl der Städte	Namen der Städte nach preußischen Provinzen bezw. nach Bundesstaaten, innerhalb derselben in der Ordnung nach der Höhe der Kopfquote
bis 0.24	41	Görlitz, Breslau, Insterburg, Königsberg i. Pr., Stolp, Stargard, Brandenburg, Cottbus, Rixdorf, Charlottenburg, Altona, Kiel, Göttingen, Weißenfels, Halberstadt, Erfurt, Magdeburg, Hamm, Gelsenkirchen, Recklinghausen, Witten, Hagen, Oberhausen, Meiderich, Rheydt, Altenessen, Worms, Offenbach, Mainz, Stuttgart, Ludwigshafen, Regensburg, Pirmasens, Zittau, Plauen, Glauchau, Weimar, Dessau, Bernburg, Oldenburg, Lübeck
0.25 bis 0.49	47	Beuthen, Oppeln, Schweidnitz, Ratibor, Kattowitz, Königshütte, Posen, Elbing, Greifswald, Guben, Potsdam, Forst, Neumünster, Hannover, Linden, Halle, Frankfurt a. M., Cassel, Hanau, Wiesbaden, Iserlohn, Dortmund, Münster i. W., Malstatt-Burbach, Essen, Neunkirchen, Coblenz, Duisburg, Aachen, Barmen, M.-Gladbach, Düsseldorf, Krefeld, Mannheim, Pforzheim, Darmstadt, Heilbronn, Nürnberg, Fürth, München, Kaiserslautern, Chemnitz, Freiberg i. S., Gera, Gotha, Schwerin, Bremen
0.50 und mehr	14	Danzig, Berlin, Frankfurt a. O., Hildesheim, Nordhausen, Zeitz, Bonn, Elberfeld, Straßburg i. E., Karlsruhe, Freiburg i. Br., Dresden, Leipzig, Hamburg
Zusammen:	102	

Die Ausgaben für Kinderfürsorge halten sich demnach durchweg auf vergleichsweise niedrigerem Niveau, in einer Reihe von Städten etwa auf demjenigen der allgemeinen Verwaltungsausgaben. Das Maximum trifft auf Hamburg mit 1.20 Mk. pro Kopf der Bevölkerung.

Bezüglich der Einzelheiten wird auf die Tabellen VI und H hingewiesen.

V. Zahlungen an auswärtige Armenverbände.

Da die im Fragebogen vorgesehene Gliederung der in Gemäßheit des Unterstützungswohnsitzgesetzes an auswärtige Armenverbände zu leistenden Erstattungen nach der Art der von diesen gewährten Unterstützung (offene, geschlossene und Kinderpflege) von einer größeren Anzahl von Städten diesmal noch nicht angegeben werden konnte, so wird in Tabelle VIII (S. 70) nur der summarische Betrag nachgewiesen. Die hiernach auf den Kopf der Bevölkerung sich ergebende Ziffer ist aus Tabelle H (S. 46) zu entnehmen. Es handelt sich dabei überall nur um verhältnismäßig geringfügige Beträge, um solche von mehr als 0.10 Mk. nur bei 33, von mehr als 0.25 Mk. nur noch bei 4 unter den 102 Städten mit bestimmten Angaben dieser Art.

VI. Ergänzungen der öffentlichen Armenpflege.

Hier waren endlich aufzuführen: die Zuwendungen aus Mitteln der Armenverwaltung bezw. der Gemeinde an außerhalb derselben stehende Wohltätigkeitseinrichtungen, soweit diese den Zwecken der öffentlichen Armenpflege gewidmet sind.

Die bezüglichen Angaben scheinen der bezeichneten Voraussetzung im allgemeinen zu entsprechen. Berücksichtigung fanden neben den Beiträgen an Vereine für Kinderschutz- und Pflege meist auch solche für Armenspeise-anstalten, Wöchnerinnenheime, Krankenpflege-, Diakonissenvereine, Frauen-vereine pp. Auch der Beitrag für den Verein für Armenpflege und Wohl-tätigkeit selbst war hier mehrfach anzutreffen. Die angegebenen Beträge kommen übrigens im Rahmen der Gesamtaufwendungen nur sehr wenig zur Geltung: Die Kopfquote stellt sich — wie aus Tabelle H (S. 46) zu entnehmen — auf mehr als 0.10 Mk. nur bei 10 unter den 79 Gemeinden mit verwertbaren Angaben.

Was insbesondere die Subventionen der Vereine für Kinderpflege pp. anlangt, so treten sie, wie aus Sp. 11 von Tabelle VI (S. 64) ersichtlich, gegen die von den Gemeinden oder Armenverwaltungen diesen Zwecken unmittelbar zugeführten Beträge überall weit zurück.

VII. Die Gesamtkosten der öffentlichen Armenpflege.

Faßt man die vorstehend im einzelnen behandelten Zweige der öffentlichen Armenfürsorge zum Ganzen zusammen, wie dies in Tabelle VIII (S. 70) geschehen, und reduziert man weiter die so erhaltenen Beträge zur Herstellung der formellen Vergleichbarkeit in ähnlicher Weise wie bei den früheren Betrachtungen auf den Kopf der Bevölkerung (Tabelle H, S. 46) so erhält man die nachstehende Übersicht, die allerdings mit allen oben schon wiederholt hervorgehobenen Vorbehalten hinsichtlich der materiellen Vergleichbarkeit aufgenommen sein will.

(Siehe Tabelle S. 29.)

Für die an der Gesamtzahl fehlenden 19 Städte läßt sich die Ziffer nicht oder nicht ohne Bedenken bilden: mangels oder doch infolge zu beanstandender Angabe

a) der Verwaltungskosten bei 8,
b) der Kosten der geschlossenen Armenpflege bei 11 (darunter 1 schon unter a gezählte),
c) der Kosten der Kinderpflege bei 5 (darunter 4 unter a oder b gezählte).

Die höchste Ziffer unter allen weist Straßburg mit 8.43 Mk. auf, wesentlich unter dem Einfluß der schon erwähnten ausnahmsweisen Ausdehnung der geschlossenen Armenpflege, dann folgt Hamburg mit 7.54 Mk., wo dagegen die offene mit höheren Ansprüchen hervortritt, während bei dem mit 6.86 Mk. unter den 89 Städten an dritter Stelle stehenden Aachen das Übergewicht wiederum auf der geschlossenen Armenpflege ruht, die hier in Siechen- und Armenanstalten besonders hervortretende Leistungen aufweist.

Auf den Kopf der Bevölkerung entfällt an Kosten der öffentlichen Armenpflege überhaupt ℳ	Zahl der Städte	Namen der Städte nach preußischen Provinzen bezw. nach Bundesstaaten, innerhalb derselben in der Ordnung nach der Höhe der Kopfquote
bis 1.99	16	Königshütte, Schweidnitz, Insterburg, Stargard, Weißenfels, Hamm, Recklinghausen, Gelsenkirchen, Malstatt-Burbach, Pirmasens, Ludwigshafen, Kaiserslautern, Plauen, Glauchau, Weimar, Oldenburg
2.00 „ 2.99	32	Oppeln, Kattowitz, Ratibor, Elbing, Cottbus, Guben, Rixdorf, Forst, Altona, Hannover, Göttingen, Erfurt, Cassel, Hanau, Witten, Dortmund, Meiderich, Neunkirchen, Rheydt, Altenessen, Barmen, Duisburg, Freiburg i. Br., Mannheim, Pforzheim, Worms, Heilbronn, Chemnitz, Freiberg i. S., Gera, Dessau, Lübeck
3.00 „ 3.99	23	Greifswald, Stolp, Neumünster, Hildesheim, Halberstadt, Nordhausen, Halle, Wiesbaden, Iserlohn, Oberhausen, Elberfeld, Karlsruhe, Mainz, Darmstadt, Offenbach, Stuttgart, Fürth, Nürnberg, München, Leipzig, Gotha, Bernburg, Schwerin
4.00 „ 4.99	13	Breslau, Danzig, Kiel, Linden, Frankfurt a. M., Hagen, Münster i. W., Essen, M.-Gladbach, Krefeld, Düsseldorf, Dresden, Bremen
5.00 und mehr	5	Coblenz, Bonn, Aachen, Straßburg, Hamburg
Zusammen:	89	

B. Die Deckung des Aufwands der öffentlichen Armenpflege.

Die Deckung der Kosten wurde schon im Eingange mehr als eine Frage gemeindewirtschaftlicher Natur, denn als eigentliches Objekt der Statistik der Armenfinanzen bezeichnet. Diese hat vielmehr zur Aufgabe, die Ausgestaltung der öffentlichen Fürsorge für die Armen am Geldwert der Aufwendungen zu messen. Gleichwohl ist die Kenntnis der Kostendeckung, ganz abgesehen von dem selbständigen Interesse, welches sie darbietet, auch für die richtige Würdigung der Aufwendungen unentbehrlich. Sehr zutreffend hebt Herr Dr. Buehl in seinen Erläuterungen im 48. Heft der Vereinsschriften hervor, wie derselbe Aufwand für die Armenpflege ein sehr verschiedenes Gewicht haben könne je nach der Deckung aus Steuern oder Vermögenserträgen. Zudem besteht ein direkter Zusammenhang derart, daß höhere Vermögenserträge auch größere Leistungen der Armenverwaltungen ermöglichen und tatsächlich herbeiführen.

Die Bearbeitung hat in der Weise stattgefunden, daß die verdeckten Einnahmen, wie der Wert der in Natur von der Gemeinde gewährten Nutzungen und Leistungen — Position 4 der Einnahmen im Fragebogen —

mit den übrigen, baren Leistungen der Gemeinde in einer Gesamtzahl festgestellt wurden und zwar geschah dies wesentlich mit Rücksicht auf die vielfachen Lücken der Beantwortung an dieser Stelle. Da diese Lücken im wesentlichen durchlaufende Posten (Mietswert von Diensträumen der allgemeinen Verwaltung, Besoldungen für Beamte derselben pp.) darstellen, die bei den Verwaltungsausgaben wiedererscheinen, so standen dieser Zusammenfassung Bedenken kaum gegenüber. Ja sie erscheint selbst geboten im Hinblick auf die Möglichkeit, daß bei den vorliegenden bezüglichen Angaben aus der örtlichen Buchungsweise heraus vielleicht hier und da Beträge mit in Rechnung gestellt wurden, die bei den Ausgaben überhaupt nicht zu berücksichtigen waren: wie beispielsweise der Mietswert des der Armenverwaltung oder der Gemeinde gehörigen Krankenhauses oder die Besoldungen des Heil- und Pflegepersonals desselben, eine Erwägung, die selbst zur Auslassung jener Position im neuen Fragebogen Anlaß gegeben.

In der die Bedeutung der einzelnen Einnahmequellen für die Deckung des Gesamtaufwandes in Hundertteilen der letzteren darstellenden Tabelle J (S. 50) weisen diejenigen Städte selbstverständlich Ziffern nicht auf, für die der Gesamtaufwand aus den im vorigen Abschnitt angegebenen Gründen überhaupt nicht oder doch nicht in der Hauptsache bekannt ist. Die bei Einzelpositionen etwa vorliegenden Angaben sind indessen auch in diesen Fällen der Tabelle IX (S. 74) der absoluten Zahlen zu entnehmen.

Bis auf wenige Ausnahmen wird die Armenlast, wie die letzte Spalte von Tabelle J (S. 50) zeigt, wesentlich von den Gemeinden getragen, beträgt doch der städtische Zuschuß zur Kostendeckung über 50 % bei nicht weniger als 71 von den in der Tabelle überhaupt vertretenen 88 Gemeinden und wird er doch in 8 anderen Städten (Bernburg, Chemnitz, Malstatt-Burbach, Neumünster, Oldenburg, Plauen, Schwerin, Weißenfels), in denen er diesen Betrag nicht erreicht, auf denselben und noch weiter erhöht durch eine nur in der Form andere Aufbringung, nämlich durch gänzliche oder teilweise Überweisung gewisser Aufwandsteuern an die Armenverwaltung. Als derartige Armensteuern kommen die Hundesteuer, Lustbarkeitssteuer, Besitzveränderungsabgaben pp., auch bestimmte Anteile der Einkommensteuer (Oldenburg) in Betracht. Ein näheres Eingehen in diese Verhältnisse wird auf Grund der entsprechend ausgedehnten Fragestellung im neuen Formular bei einer späteren Bearbeitung möglich sein und mag für diese vorbehalten werden.

Von den Gemeinden, die durch Erträge des eigenen Vermögens der Armenverwaltungen oder der den Zwecken der öffentlichen Armenpflege gewidmeten Stiftungen in nicht unerheblichem Umfange entlastet werden, seien hervorgehoben: Aachen, Bernburg, Frankfurt a. M., Dortmund, Hamm, Hanau, Heilbronn, Hildesheim, Kaiserslautern, Lübeck, Münster i. W., Nordhausen, Straßburg.

Zuschüsse des Staats sind nur von 13 Städten angegeben. Selbst da, wo sie, wie in Bayern und Elsaß-Lothringen auf gesetzlicher Grundlage ruhen, sind sie doch nur von sehr zurücktretender Bedeutung. Letzteres gilt auch von dem im ganzen bei 18 Städten anzutreffenden Zuschüssen größerer korporativer Verbände.

Demgegenüber fallen die Erstattungen seitens der Verpflichteten schon erheblich mehr ins Gewicht, indessen dürfte den höheren Anteilen gegenüber eine mehr zurückhaltende Beurteilung angebracht sein. Anteile zwischen 10 und 20 % für das Gesamtergebnis der 3 Arten Erstattungen (von Armenverbänden, Krankenkassen pp., von Unterstützten selbst pp.) bezeichnen etwa die mittlere Linie, die von 45 unter den 88 Städten eingehalten wird.

Was die ein besonderes Interesse beanspruchenden Erstattungen vom Unterstützten selbst bezw. aus seinem Nachlaß oder von sonstigen privaten Verpflichteten anlangt, so nehmen sie im Rahmen der gesamten Deckungsmittel einen Raum von mehr als 5 % nur bei 23 Städten ein. Demgegenüber halten sich die Erstattungen seitens der Orts- und Landarmenverbände pp. auf weit höherem Niveau: Anteile von mehr als 10 % sind hier bei 25 Städten festzustellen.

Wenn die Endzahlen der Einnahmen und Ausgaben bis auf eine einzige noch zu nennende Ausnahme durchweg übereinstimmen, so ist dies die Folge des eingeschlagenen, auf die Bedeckung der Ausgabe gerichteten Verfahrens, wobei ein ungedeckter Ausgaberest naturgemäß als städtischer Zuschuß zu verrechnen war. Die erwähnte Ausnahme aber betrifft Schwerin, wo die Einnahmen höher als die Ausgaben angegeben sind und eine entsprechende Kürzung der ersteren deshalb nicht angebracht erschien, weil für eine solche bei dem einzig dastehenden, wenn auch formellen Mangel eines Gemeindezuschusses nur die Einnahme aus Armensteuern in Betracht kommen konnte, welche jedoch wiederum mit ihrem tatsächlichen Aufkommen in der Rechnung verbleiben mußte.

Zur Beachtung.

In den nachstehenden Tabellen hat das Zeichen — die Bedeutung einer Null, während das Zeichen · das Nichtvorhandensein einer bezüglichen Zahlenangabe ausdrückt.

Tabelle A.

Gemeinde	Von je 100.00 ℳ allgemeinen Verwaltungsausgaben entfallen auf: Aufwand für die Diensträume rc. ℳ	Aufwand für ehrenamtliche Organe ℳ	Besoldungen ℳ	Druckkosten rc. ℳ	sonstige Verwaltungskosten ℳ
Aachen	1.51	0.36	58.42	6.29	[14]33.42
Altenessen	8.47	—	61.41	24.63	5.49
Bernburg	15.14	—	63.37	16.39	5.10
Bonn	15.30	—	73.05	5.10	6.55
Bremen	7.61	0.14	84.38	4.27	[1] 3.60
Breslau	3.92	0.71	91.01	4.08	0.28
Cassel	6.81	—	80.35	11.27	1.57
Coblenz	4.52	—	88.18	4.37	2.93
Cöln	19.45	2.10	67.33	10.45	0.67
Danzig	6.70	1.97	84.19	4.02	3.12
Dessau	6.55	—	70.27	15.55	7.63
Dortmund	4.09	—	91.98	3.93	
Dresden	[18] 2.85	5.27	82.76	6.91	2.21
Elberfeld	3.39	2.85	83.36	6.19	4.21
Elbing	12.32	2.50	68.76	2.93	13.49
Essen	4.46	—	92.08	2.68	0.78
Freiberg i. S.	5.73	—	[15]83.99	[15] 3.50	[15] 6.78
Freiburg i. Br.	[2] 9.45	0.04	[3]77.56	6.79	6.16
Görlitz	3.66	—	94.32	0.91	1.11
Gotha	6.00	—	88.84	4.80	0.36
Greifswald	7.04	—	[6]88.85	4.11	
Guben	10.99	1.57	47.10	33.59	6.75
Hagen	5.11	—	88.02	4.91	1.96
Halle a. S.	3.48	0.37	84.02	6.14	5.99
Hamburg	10.33	1.18	76.56	6.72	5.21
Hamm	13.31	—	83.20	—	3.49
Hanau	17.09	—	71.00	7.16	4.75
Hannover	3.76	—	83.97	5.23	7.04
Heilbronn	2.18	0.21	37.29	2.51	[7]57.81
Hildesheim	4.84	—	79.05	5.24	[19]10.87
Insterburg	25.97	—	67.39	3.89	2.75
Kaiserslautern	5.70	—	64.67	3.51	26.12
Kattowitz	28.77	—	53.63	1.37	[8]16.23
Kiel	6.33	1.03	84.09	6.04	2.51
Königshütte	20.29	—	74.61	4.53	0.57
Leipzig	4.49	2.82	84.28	2.79	5.62
Linden	9.04	—	73.79	7.53	9.64
Ludwigshafen	2.28	—	91.50	6.22	—
Lübeck	[21] 7.41	—	[10]60.41	5.13	27.05
Magdeburg	10.10	0.03	81.74	3.02	5.11
Mainz	4.92	—	79.23	8.94	6.91
Mannheim	10.47	4.53	65.56	16.99	2.45
Metz	[16] —	—	94.27	2.01	3.72
München	7.36	2.30	72.38	14.78	3.18
" -Gladbach	3.21	—	89.32	7.21	0.26
Münster i. W.	3.46	—	94.53	0.34	1.67
Nürnberg	7.26	0.66	82.80	7.52	1.76
Offenbach	[17] 4.98	—	81.55	13.47	
Oldenburg	19.80	8.32	47.52	24.36	
Plauen i. V.	7.75	—	85.64	6.61	
Ratibor	7.64	1.91	74.09	7.64	8.72
Recklinghausen	2.62	—	90.94	5.24	1.20
Regensburg	6.32	—	80.22	11.94	1.52
Rixdorf	15.61	—	63.57	20.82	—
Schweidnitz	8.52	—	80.09	5 47	5.92
Schwerin	2.45	0.14	64.63	16.32	16.46
Stargard	19.31	—	77.89	1.08	1.72
Stolp	9.49	—	78.33	7.43	4.75
Straßburg	11.91	—	[11]82.58	5.15	0.36
Stuttgart	6.57	—	[22]81.49	6.98	4.96
Weimar	13.72	—	77.23	7.06	1.99
Weißenfels	20.22	—	45.80	31.60	2.38
Wiesbaden	10.24	—	83.03	[12] 4.27	2.46

Die Anmerkungen befinden sich auf Seite 78.

Tabelle B.

Gemeinde	Betrag der laufenden Unterstützung pro Armenpartei und Jahr ℳ	Gemeinde	Betrag der laufenden Unterstützung pro Armenpartei und Jahr ℳ
Hamburg[1]	205 49	Stuttgart	103.87
Münster i. W. . . .	201.17	Potsdam	100.27
Hagen	197.19	Linden	98.02
Krefeld	189.94	Breslau	93.79
Worms	187.50	Karlsruhe	93.25
Aachen	185.05	Posen	90.26
Cottbus	184.16	Heilbronn	89.50
Bonn	183.26	Pforzheim	89.28
Barmen	178.69	Mainz	88.91
Bernburg	178.50	Göttingen	85.71
Berlin	178.31	Elbing	83.26
Dortmund	175.79	Stargard	82.98
Leipzig	173.92	Plauen i. V.	78.62
Regensburg	169.54	Iserlohn	76.60
Darmstadt	165.97	Chemnitz	75.38
Offenbach a. M. . . .	162.47	Kattowitz	73 73
Recklinghausen . . .	161.22	Freiberg i. S. . . .	71.46
Cöln	159.06	Königshütte	69.54
Altenessen	157.01	Hannover	68.69
Ludwigshafen	155.13	Lübeck	67.10
München-Gladbach . .	148.26	Pirmasens	66.93
Düsseldorf	134.46	Guben	65.42
Charlottenburg . . .	132.51	Greifswald	61.95
Neunkirchen	124.32	Hildesheim	60.33
Halle a. S.	124 08	Danzig	58.49
Malstatt-Burbach . .	121.00	Beuthen	57.13
Liegnitz	117.93	Oppeln	56.85
Nürnberg	115.35	Erfurt	56.72
Coblenz	113.54	Zittau	54.54
Fürth	113.45	Gotha	53.69
Cassel	110.86	Witten	50.78
Dresden	109.71	Insterburg	47.84
Straßburg i. E. . . .	108.34	Kaiserslautern . . .	44.86
Glauchau	105.14	Weißenfels	40.63
Kiel	104.44		

[1]) Einschließlich der Veteranen der Baudeputation.

Tabelle C. Gemeinden, bei denen die Kopfquote an Naturalunterstützungen mindestens 0.15 Mk. beträgt.

Gemeinde	Von je 100.00 ℳ Ausgaben für Naturalunterstützungen entfallen auf die unterschiedenen Arten derselben						
	Wohnung	Nahrungsmittel	darunter			Kleidung und Hausrat	Heizmaterial
			Suppe	Brot	Milch		
	ℳ	ℳ	ℳ	ℳ	ℳ	ℳ	ℳ
Bonn	—	62.88	20.17	34.39	8.32	24.15	12.97
Bremen	—	28.19	11.30	0.56	16.33	58.45	13.36
Breslau	—	12.62	5.53	—	7.09	87.38	—
Cassel	19.30	49.09	8.31	40.78	—	5.28	26.33
Charlottenburg	10.10	22.38	.	.	.	52.30	15.22
Coblenz	—	68.68	0.46	63.60	3.67	9.66	21.66
Colmar	8.67	66.73	31.13	33.29	2.31	9.51	15.09
Darmstadt	—	41.34	0.71	0 16	26.91	23.78	34.88
Dresden	8.34	22.27	12.66	—	9.61	24.09	45.30
Düsseldorf	—	26.23	—	8.75	17.48	73.77	—
Erfurt	3.96	57.26	25.56	31.70	—	18.88	19.90
Frankfurt a. M.	—	98.14	—	98.14	—	1.86	—
Fürth	—	0.28	0.28	—	—	33.39	66.33
Göttingen	.	64.52	—	32.26	32.26	9.68	25 80
Gotha	15.40	47.18	11.26	35.92	—	9.80	27.62
Greifswald	65.19	4.34	2.09	0.44	1.81	21.08	9.39
Halberstadt	—	8.70	2.88	4.40	1.42	39.79	51.51
Halle	8.32	24.42	7.70	12.48	0.05	52.91	14.35
Hamburg	—	18.66	—	—	18.66	28.93	52.41
Hamm	—	52.83	–	47.92	4.91	32.32	14.85
Hanau	—	41.17	4.98	23.91	9.36	39.19	19.64
Hannover	—	48 59	34.88	1.52	12.19	45.39	6.02
Iserlohn	—	72.99	—	57.02	15.97	12.57	14.44
Kiel	—	50.51	.	.	.	49.49	—
Leipzig	17.58	57.52	7.87	46.63	3.02	17.41	7.49
Linden	39.76	17.57	0.38	1.77	15.42	34.00	8.67
Ludwigshafen	8.48	55.97	—	15.84	15.23	23.76	11.79
Lübeck	—	79.67	39.81	37.74	2.12	4.18	16.15
Magdeburg	4.87	37.76	28.10	—	9.66	5.36	52.01
Mannheim	—	81.09	37.94	38.81	4.17	18.91	—
Metz	—	64.66	5.95	55.98	2.73	15.34	20.00
München	—	44.20	44.20		—	7.38	48.42
Neunkirchen	62.04	14.11	.	.	.	15.86	7.99
Nürnberg	9.17	51.09	10.62	35.13	5.34	23.01	16.73
Offenbach	—	—	—	—	—	48.66	51.34
Oldenburg	—	50.50	.	.	.	32.96	16.54
Pirmasens	94.86	—	—	—	—	5.14	—
Posen	—	72.57	22.89	18.35	31.33	17.48	9.95
Regensburg	4.35	—	—	—	—	36.83	58.82
Rheydt	88.89	5.56	—	3.34	2.22	3.33	2.22
Schwerin	4.03	23.26	.	.	.	46.13	26.58
Straßburg	11.10	59.30	6.76	48.64	0.31	15.34	14.26
Stuttgart	—	63.76	18.74	5.93	29.37	8.26	27.98
Weimar	—	43.36	0.37	42.67	0.32	13.67	42.97
Weißenfels	—	82.45	48.84	33.61	—	6.81	10.74
Wiesbaden	—	63.55	5.37	33.86	24.32	25.77	10.68
Witten	—	78.45	2.94	55.73	13.03	18.99	2.56
Zeitz	—	45.23	—	45.23	—	25.62	29.15

Tabelle D. Die Ausgaben

Gemeinde	Bevölkerungszahl	a) in Pfennigen pro Kopf der Bevölkerung							Offene Armenpflege überhaupt
		Barunterstützung			Naturalunterstützungen	Offene Krankenpflege	Beerdigungskosten	Reise- und Transportkosten	
		laufende	einmalige	überhaupt					
Aachen	135 245	191.8	1.0	192.8	0.7	23.7	1.1	2.1	220.4
Altenessen	28 668	81.1	4.4	85.5	1.7	10.1	1.4	2.3	101.0
Altona	161 501	85.0	1.2	86.2	2.4	8.1	2.5	2.0	101.2
Aschersleben	27 245	.	.	92.3	3.3	9.0	2.7	—	107.3
Barmen	141 944	86.7	2.4	89.1	0.5	[32]) 8.1	1.6	0.6	[32]) 99.9
Berlin	1 888 848	338.9	24.7	363.6	23.0	15.9	1.0	2.6	406.1
Bernburg	34 431	112.0	58.0	170.0	7.6	8.3	1.9	0.5	188.3
Beuthen	51 404	61.0	2.0	63.0	1.0	7.4	1.1	1.3	73.8
Bonn	50 736	161.4	37.8	199.2	43.2	13.9	4 1	1.5	261.9
Brandenburg a. H.	49 250	40.7	0.7	41.4	—	4.3	0.5	0.3	46.5
Bremen	163 297	.	.	86.1	30.4	20.7	3.5	1.2	[39])158.1
Breslau	422 709	121.9	6.3	128.2	21.4	9.6	0.9	0.6	160.7
Cassel	106 034	66.8	1.9	68.7	32.7	4.9	1.7	0.1	108.1
Charlottenburg	189 305	142.5	17.5	160.0	17.1	[64])13.8	3.2	1.3	[64])195.4
Chemnitz	206 913	72.9	2.2	75.1	12.9	3.8	2.0	1.1	94.9
Coblenz	45 147	123.5	30.0	153.5	19.4	12.9	1.1	0.8	187.7
Cöln	372 529	123.9	4.5	128.4	2.7	14.5	0.6	—	146.2
Colmar	36 844	75.8	13.5	89.3	62.1	19.1	0.1	0.2	170.8
Cottbus	39 322	110.1	6.5	116.6	11.8	14.5	1.8	0.8	145.5
Danzig	140 563	105.2	30.1	135.3	1.9	18.0	4.8	3.1	163.1
Darmstadt	72 381	112.4	8.5	120 9	16.7	16.1	1.6	1.0	156.3
Dessau	50 849	130.4	18.7	149.1	13.5	12.0	2.8	[8]) .	177.4
Dortmund	142 733	62.5	0.1	62.6	3.1	4.9	3.3	0.3	74.2
Dresden	396 146	132.8	30.2	163.1	17.4	8.5	3.7	1.2	193.9
Düsseldorf	213 711	144.5	1.8	146.3	18.1	18.5	2.2	0.2	185.3
Duisburg	92 730	.	.	[55])131 3	2.1	9.3	0.5	1.2	[55])144.4
Elberfeld	156 966	.	.	110.5	13.6	10.5	0.9	0.7	[13])136.2
Elbing	52 518	100.3	7.8	108.1	2 9	9.6	0.8	0.2	121.6
Erfurt	85 202	80.2	6.2	86.4	16.0	6.8	1.7	0.7	111.6
Essen	118 862	.	.	149.1	6.5	7.3	2.0	0.1	165.0
Forst	32 075	115.9	0.3	116.2	6.8	5.3	1.8	0.6	130.7
Frankfurt a. M.	288 989	.	.	105.9	18.4	11.9	3.1	—	139.3
" a. O.	61 852	48.4	26.1	74.5	8.8	12.8	0.8	—	96.9
Freiberg i. S.	30 175	66.1	8.3	74.4	3.2	6.7	3.4	0.7	88.4
Freiburg i. Br.	61 504	[34])22.8	[33])23.1	[14]) 45.9	12.2	7.6	0.9	0.8	67.4
Fürth	54 144	117.4	27.3	144.7	14.7	8.7	0.9	0.2	169.2
Gelsenkirchen	36 935	.	.	61.3	—	4.8	[16]) .	—	66.1
Gera	45 634	.	.	62.5	7.6	5.5	4.0	0.4	80.0
Glauchau	25 677	61.0	2.9	63.9	4.3	8.7	1.6	0.6	79.1
Görlitz	80 931	123.2	9.6	132.8	7.3	8.4	3.6	1.4	153.5
Göttingen	30 234	59.5	27.5	87.0	[28])20.5	11.2	1.7	1.0	[28])121.4
Gotha	34 651	64.2	0.6	64.8	37.5	23.1	2.1	0.9	[17])129.4
Greifswald	22 950	88.5	1.0	89.5	36.4	5.5	1.7	0.3	133.4
Guben	33 122	71.5	2.4	73.9	1.9	7.0	1.7	0.4	84.9
Hagen	50 612	174.6	4.0	178.6	13.9	11.6	2.9	1.3	208.3
Halberstadt	42 810	127.8	2.3	130.1	24.8	25.4	1.6	1.0	182.9
Halle a. S.	156 609	117.4	3.8	121.2	33.2	11.0	2.5	1.1	169.0
Hamburg	705 738	277.4	8.0	285.4	15.2	15.4	4.6	3.2	323.8
Hamm	31 371	19.5	7.4	26.9	15.3	6.9	0.6	0.2	49.9
Hanau	29 847	.	.	84.7	25.5	7.7	[19])0.5	1.5	119.9
Hannover	235 649	38.8	8.5	47.3	14.6	7.6	2.3	0.8	72.6
Heilbronn	37 891	52.7	5.3	58.0	11.0	10.0	—	—	79.0
Hildesheim	42 973	36.1	[50])22.6	58.7	3.2	5.1	0.9	1.6	69.5
Inowrazlaw	26 141	110.4	7.2	117.6	2.2	6.8	0.5	0.5	127.6

Die Anmerkungen befinden sich auf Seite 78.

für offene Armenpflege.

b) in Hundertteilen							Offene Armenpflege überhaupt	Gemeinde
Barunterstützung			Naturalunterstützungen	Offene Krankenpflege	Beerdigungskosten	Reise- und Transportkosten		
laufende	einmalige	überhaupt						
87.03	0.46	87 49	0.30	10 75	0.51	0.95	100.00	Aachen
80.27	4.38	84.65	1.69	10.04	1.34	2.28	100.00	Altenessen
84.03	1.20	85.23	2.41	7.98	2.43	1.95	100.00	Altona
.	.	86.01	3.04	8.41	2.54	—	100.00	Aschersleben
86.79	2.39	89.18	0.44	[32]) 8.14	1.63	0.61	[32])100.00	Barmen
83.46	6.07	89.53	5.66	3.92	0.24	0.65	100.00	Berlin
59 46	30.82	90.28	4.04	4.43	1.00	0.25	100.00	Bernburg
82.67	2.71	85.38	1.33	9.97	1.53	1.79	100.00	Beuthen
61.66	14.44	76.10	16.49	5.31	1.54	0.56	100 00	Bonn
87.47	1.48	88.95	—	9.27	1.02	0.76	100.00	Brandenburg a. H.
.	.	54.49	19.21	13.11	2.18	0.76	[39])100.00	Bremen
75.82	3.95	79.77	13.30	6.00	0.54	0.39	100.00	Breslau
61.79	1.76	63.55	30.25	4.52	1.56	0.12	100.00	Cassel
72.93	8.95	81.88	8.77	[64]) 7.05	1 63	0.67	[64])100 00	Charlottenburg
76.84	2.29	79.13	13.55	4.00	2 12	1.20	100.00	Chemnitz
65.78	15.99	81.77	10.35	6.87	0.58	0.43	100.00	Coblenz
84.78	3.04	87.82	1.83	9.91	0.44	—	100 00	Cöln
44.35	7.92	52.27	36.34	11.22	0.06	0.11	100.00	Colmar
75.61	4.47	80 08	8.12	9.98	1.25	0.57	100.00	Cottbus
64.51	18.43	82.94	1.15	11.05	2.98	1.88	100.00	Danzig
71.90	5.44	77.34	10 69	10.28	1.05	0.64	100.00	Darmstadt
73.50	10.54	84.04	7.62	6.78	1.56	[8]) .	100.00	Dessau
84.19	0.16	84.35	4.20	6.67	4.41	0.37	100.00	Dortmund
68.51	15.59	84.10	8.97	4.40	1.93	0.60	100.00	Dresden
77.96	0.97	78.93	9.77	9.99	1.20	0.11	100.00	Düsseldorf
.	.	[55])90.93	1.46	6.46	0.33	0.82	[55])100.00	Duisburg
.	.	81.13	9.95	7.70	0.69	0.49	[13])100.00	Elberfeld
82.55	6.42	88.97	2.36	7.89	0.63	0.15	100.00	Elbing
71.78	5.57	77.35	14.32	6.10	1.58	0.65	100.00	Erfurt
.	.	90.34	3.97	4.40	1.20	0.09	100 00	Essen
88.73	0.22	88.95	5.20	4.02	1.37	0.46	100.00	Forst
.	.	76.01	13.19	8.59	2.21	—	100.00	Frankfurt a. M.
49.95	26.93	76.88	9.05	13.18	0.89	—	100.00	" a. O.
74.76	9.42	84.18	3.59	7.59	3.81	0.83	100.00	Freiberg i. S.
[34])33.80	[33])34.23	[14])68.03	18.15	11.30	1.36	1.16	100.00	Freiburg i. Br.
69.37	16.14	85.51	8.70	5.11	0.55	0.13	100 00	Fürth
.	.	92.75	—	7.25	[16]) .	—	100.00	Gelsenkirchen
.	.	78.10	9.46	6.94	5.02	0.48	100.00	Gera
77.08	3.68	80.76	5.40	10.99	2.06	0.79	100.00	Glauchau
80.32	6.23	86.55	4.72	5.44	2.37	0.92	100.00	Görlitz
49.05	22.61	71.66	[38])16.89	9.27	1.36	0.82	[38])100.00	Göttingen
49.58	0.48	50.06	29.01	17.86	1.61	0.69	[17])100.00	Gotha
66.37	0.76	67.13	27.26	4.15	1.23	0.23	100 00	Greifswald
84.17	2.78	86.95	2.22	8.23	2.08	0.52	100.00	Guben
83.77	1.93	85.70	6.68	5.60	1.39	0.63	100.00	Hagen
69.85	1.27	71.12	13.54	13.89	0.87	0.58	100.00	Halberstadt
69.48	2.26	71.74	19.67	6.50	1.46	0.63	100.00	Halle a. S.
85.69	2.46	88.15	4.68	4.75	1.43	0.99	100.00	Hamburg
38.99	14.86	53.85	30.73	13.72	1.28	0.42	100.00	Hamm
.	.	70.64	21.26	6.39	[19]) 0.45	1.26	100.00	Hanau
53.40	11.74	65.14	20.11	10.43	3.14	1.18	100.00	Hannover
66.69	6.71	73.40	14.00	12.60	—	—	100.00	Heilbronn
51.89	[50])32.57	84.46	4.59	7.33	1.38	2.24	100.00	Hildesheim
86.51	5.61	92.12	1.72	5.34	0.41	0.41	100.00	Inowrazlaw

Die Anmerkungen befinden sich auf Seite 78.

Tabelle D. (Fortſ.) **Die Ausgaben**

Gemeinde	Bevölkerungszahl	a) in Pfennigen pro Kopf der Bevölkerung							Offene Armenpflege überhaupt
		Barunterſtützung			Naturalunterſtützungen	Offene Krankenpflege	Beerdigungskoſten	Reiſe- und Transportkoſten	
		laufende	einmalige	überhaupt					
Inſterburg	27 787	69.2	11.7	80 9	3.9	7.2	1.6	0.4	94.0
Iſerlohn	27 265	75.8	2.3	78.1	28.5	16.8	1.0	2.1	126.5
Kaiſerslautern . .	48 310	27.3	18.5	45.8	4.2	6.8	1.5	0.4	58.7
Karlsruhe	97 185	37.4	10.5	47.9	[51])31.0	15.4	4.8	1.3	100.4
Kattowitz	31 738	85.5	6.4	91.9	0.6	11.7	3.6	0.6	108.4
Kiel.	107 977	122.3	12.9	135.2	21.0	9.2	2.9	1.6	169.9
Königsberg i. Pr. .	189 483	127.9	4.1	132.0	6.4	13.3	2.3	0.3	154.3
Königshütte . . .	57 919	69.6	1.6	71.2	2.9	2.1	3.7	1.0	80.9
Krefeld	106 893	198.5	1.1	199 6	12.9	13.4	0.2	0.8	226.9
Leipzig	456 124	124.4	[52])7.7	132.1	29.0	6.9	0.7	0.4	[53])170.0
Liegnitz	54 882	78.4	1.7	80.1	0.7	4.4	1.1	0.2	86.5
Linden	50 628	99.3	4.3	103.6	41.0	15.2	5.5	0.4	165.7
Ludwigshafen . .	61 914	33.6	3 7	37.3	19.1	37.5	0.5	1.0	95.4
Lübeck.	82 098	32.2	0.5	32.7	18 2	4.6	1.4	0.5	57.4
Magdeburg. . . .	229 667	91.1	10.1	101.2	17.2	10.4	1.7	0.5	131.0
Mainz.	84 251	81.5	2.2	83.7	13.0	10.3	2.3	0.5	109.8
Malſtatt-Burbach .	31 195	64.0	15.8	79.8	1.5	10.3	0.6	1.3	93.5
Mannheim	141 131	75.7	0.1	75.8	25.4	7.7	2.8	1.0	112.7
Meiderich	33 690	.	.	116.2	—	8.5	1.2	0.7	126.6
Metz	58 462	.	.	35.9	69.1	15.1	—	—	120.1
München.	499 932	102.1	14.7	116.8	15.2	5.2	2.0	1.6	140.8
„ -Gladbach .	58 073	157.4	0.4	157.8	9.1	16.2	1.4	3.0	187.5
Münſter i. W. . .	63 754	152.1	5.8	157.9	1.7	14.6	3.5	0.1	177.8
Neumünſter . . .	27 335	153.6	1.0	154.6	2.9	9.9	1.4	0.4	169.2
Neunkirchen . . .	27 684	64.2	9.3	73.5	53.2	7.4	0.7	2.5	137.3
Nordhauſen . . .	28 497	.	.	111.4	13.4	12.5	1.3	0.7	139.3
Nürnberg	261 081	114.9	9.9	124.8	[57])39.4	7.7	6.5	0.7	[57])179.1
Oberhauſen . . .	42 148	.	.	146.4	8.4	13.1	1.9	1.0	170.8
Offenbach	50 468	113.0	11.7	124.7	17.3	10.4	2.1	—	154.5
Oldenburg	26 797	12.4	0.5	12.9	17.1	6.1	2.5	1.6	40.2
Oppeln	30 112	98.4	1.6	100.0	0.2	3.0	2.3	0.3	105.8
Pforzheim	43 351	82.6	3.1	85.7	6.2	10.1	0.5	1.1	103.6
Pirmaſens	30 195	30.4	2.2	32.6	37.7	3.0	1.7	1.0	[46]) 84.2
Plauen i. V. . . .	73 888	38.2	0.6	38.8	2.4	5.1	1.5	0 4	48.2
Poſen	117 033	125.4	14.8	140.2	19.6	15.9	0.4	.	[58])176.8
Potsdam	59 796	108.3	5.7	114.0	8.1	10.6	1.3	0.6	134.6
Ratibor	25 250	122.8	26.1	148.9	4.8	14.1	5.1	1.1	174.0
Recklinghauſen . .	34 019	71.6	17.8	89.4	5.8	10.7	1.5	0.8	108.2
Regensburg . . .	45 429	130.6	22.9	153.5	15.4	5.1	1.6	0.6	176.2
Rheydt	34 036	108.7	8.8	117.5	26.4	13.7	1.8	—	159.4
Rixdorf	90 422	71.7	7.9	79.6	—	9.6	3.0	0.9	93.1
Schweidnitz . . .	28 439	21.9	26.2	48.1	5.5	11.6	2.4	1.4	69.0
Schwerin	38 672	.	.	132.7	15.8	13.9	1.4	0.8	164.6
Stargard	26 858	67.6	5.7	73 3	—	5.4	1.7	1.5	81.9
Stolp	27 293	.	.	172.3	1.1	12.8	1.3	1.0	188.5
Straßburg i. E. .	151 041	101.2	43.2	144.4	51.7	6.4	0.2	0.5	203.2
Stuttgart	176 699	64.4	1.6	66.0	21.0	8.4	[47])0.0	0.3	95.7
Weimar	28 489	.	.	13.7	17.3	4.8	0.2	0.8	36.8
Weißenfels	28 201	49.7	0.4	50.1	[60])34.5	2.2	0.9	0.6	88.3
Wiesbaden	86 111	.	.	87.1	23.2	11.4	1.8	0.3	[48])133.5
Witten	33 517	32.0	19.8	51.8	14.8	10.6	0.7	1.9	[61]) 85.4
Worms	40 705	93.1	17.1	110.2	8.3	12.1	2.0	0.9	133.5
Zeitz	27 3[illegible]1	.	.	78.9	17.3	6.8	0.2	0.7	103.9
Zittau.	30 921	69.7	1.0	70.6	6.5	6.4	1.7	0.2	85.4

Die Anmerkungen befinden ſich auf Seite 78.

für offene Armenpflege.

b) in Hundertteilen							Offene Armenpflege überhaupt	Gemeinde
Barunterstützung			Naturalunterstützungen	Offene Krankenpflege	Beerdigungskosten	Reise- und Transportkosten		
laufende	einmalige	überhaupt						
73.60	12.44	86.04	4.12	7.65	1.71	0.48	100.00	Insterburg
59.96	1.80	61.76	22.56	13.25	0.80	1.63	100.00	Iserlohn
46.47	31.42	77.89	7.23	11.61	2.51	0.76	100.00	Kaiserslautern
37.29	10.44	47.73	[51])30.88	15.33	4.77	1.29	100.00	Karlsruhe
78.88	5.93	84.81	0.53	10.83	3.31	0.52	100.00	Kattowitz
71.99	7.61	79.60	12.36	5.41	1.72	0.91	100.00	Kiel
82.90	2.64	85.54	4.14	8.62	1.50	0.20	100.00	Königsberg i. Pr.
86.10	1.92	88.02	3.61	2.57	4.55	1.25	100.00	Königshütte
87.48	0.50	87.98	5.69	5.88	0.10	0.35	100.00	Krefeld
73.18	[52])4.51	77.69	17.05	4.07	0.38	0.23	[53])100.00	Leipzig
90.69	1.95	92.64	0.84	5.06	1.23	0.23	100.00	Liegnitz
59.93	2.61	62.54	24.73	9.16	3.33	0.24	100.00	Linden
35.21	3.93	39.14	19.97	39.28	0.55	1.06	100.00	Ludwigshafen
56.16	0.81	56.97	31.72	8.05	2.48	0.78	100.00	Lübeck
69.57	7.70	77.27	13.09	7.92	1.31	0.41	100.00	Magdeburg
74.22	2.07	76.29	11.80	9.38	2.06	0.47	100.00	Mainz
68.47	16.92	85.39	1.55	11.05	0.67	1.34	100.00	Malstatt-Burbach
67.16	0.09	67.25	22.55	6.81	2.46	0.93	100.00	Mannheim
.	.	91.77	—	6.72	0.94	0.57	100.00	Meiderich
.	.	29.89	57.50	12.61	—	—	100.00	Metz
72.54	10.43	82.97	10.79	3.71	1.38	1.15	100.00	München
83.96	0.23	84.19	4.85	8.62	0.75	1.59	100.00	" -Gladbach
85.52	3.25	88.77	0.95	8.24	2.00	0.04	100.00	Münster i. W.
90.77	0.58	91.35	1.73	5.84	0.86	0.22	100.00	Neumünster
46.79	6.78	53.57	38.75	5.34	0.52	1.82	100.00	Neunkirchen
.	.	79.96	9.59	8.97	0.95	0.53	100.00	Nordhausen
64.15	5.53	69.68	[57])22.02	4.29	3.60	0.41	[57])100.00	Nürnberg
.	.	85.73	4.94	7.66	1.12	0.55	100.00	Oberhausen
73.15	7.57	80.72	11.19	6.71	1.38	.	100.00	Offenbach
30.96	1.11	32.07	42.57	15.26	6.24	3.86	100.00	Oldenburg
92.96	1.53	94.49	0.16	2.81	2.23	0.31	100.00	Oppeln
79.74	3.03	82.77	6.02	9.70	0.47	1.04	100.00	Pforzheim
36.05	2.62	38.67	44.78	3.54	2.10	1.22	[46])100.00	Pirmasens
79.23	1.27	80.50	5.09	10.52	3.10	0.79	100.00	Plauen i. V.
70.90	8.38	79.28	11.09	9.00	0.22	—	[58])100.00	Posen
80.49	4.19	84.68	6.02	7.90	0.97	0.43	100.00	Potsdam
70.54	15.01	85.55	2.77	8.12	2.92	0.64	100.00	Ratibor
66.15	16.50	82.65	5.39	9.88	1.35	0.73	100.00	Recklinghausen
74.14	12.96	87.10	8.76	2.88	0.90	0.36	100.00	Regensburg
68.20	5.53	73.73	16.59	8.57	1.11	—	100.00	Rheydt
77.05	8.50	85.55	—	10.29	3.21	0.95	100.00	Rixdorf
31.76	37.91	69.67	7.99	16.87	3.41	2.06	100.00	Schweidnitz
.	.	80.66	9.59	8.42	0.84	0.49	100.00	Schwerin
82.60	6.94	89.54	—	6.54	2.08	1.84	100.00	Stargard
.	.	91.43	0.58	6.79	0.68	0.52	100.00	Stolp
49.77	21.28	71.05	25.42	3.17	0.11	0.25	100.00	Straßburg i. E.
67.23	1.70	68.93	21.95	8.82	[47])0.01	0.29	100.00	Stuttgart
.	.	37.25	46.94	12.95	0.62	2.24	100.00	Weimar
56.28	0.50	56.78	[60])39.04	2.45	1.00	0.73	100.00	Weißenfels
.	.	65.26	17.38	8.53	1.32	0.21	[48])100.00	Wiesbaden
37.45	23.23	60.68	17.36	12.45	0.80	2.19	[61])100.00	Witten
69.69	12.80	82.49	6.25	9.09	1.49	0.68	100.00	Worms
.	.	75.97	16.60	6.53	0.18	0.72	100.00	Zeitz
81.60	1.13	82.73	7.63	7.45	1.95	0.24	100.00	Zittau

Die Anmerkungen befinden sich auf Seite 78.

Tabelle E. Die Ausgaben

Gemeinde	Von je 100.00 M Ausgaben für geschlossene Armenpflege entfallen auf									
	A. Fürsorge in Anstalten für Kranke und Gebrechliche							B. Fürsorge in Armen- und Versorgungsanstalten		
	Krankenhauspflege			Irrenpflege			Fürsorge für Gebrechliche			
	Aufwand in kommunalen Anst. M	Zahlung an sonstige Kranken-Anst. M	zusammen M	Aufwand in kommunalen Anst. M	Zahlung an sonstige Irren-Anst. M	zusammen M	M	Siechen- und Armenhäuser M	Arbeitshäuser M	Obdachlosenhäuser M
Aachen	17.22	4.39	21.61	1.51	17.49	19.00	3.71	55.68	—	—
Altenessen	—	17.54	17.54	—	18.92	18.92	2) 29.31	34.23	—	—
Altona	62.68	—	62.68	3) 12.42	—	3) 12.42	6.58	4) 11.87	5) 6.45	—
Aschersleben	.	.	.	—	—	—	—	.	—	—
Barmen	30.06	0.92	30.98	0.35	27.36	27.71	11.76	29.55	—	—
Berlin	.	.	.	.	.	.	.	.	.	.
Bernburg	—	39.71	39.71	—	27.50	27.50	4.27	28.52	—	—
Beuthen	42.78	—	42.78	—	27.31	27.31	27.25	2.66	—	—
Bonn	—	44.76	44.76	11.26	9.09	20.35	11.49	23.40	—	—
Brandenburg a. H.	.	.	.	—	.	.	.	.	—	—
Bremen	24.92	13.29	38.21	35.77	—	35.77	11.40	14.34	0.28	—
Breslau	33.19	2.26	35.45	9.24	10.54	19.78	4.85	7) 36.17	2.82	0.93
Cassel	—	8) 15.72	8) 15.72	23.76	27) 4.72	28.48	7.71	48.09	—	—
Charlottenburg	49.91	18) 3.47	18) 53.38	—	19) 24.30	19) 24.30	20) .	22.16	—	0.16
Chemnitz	9) 62.30	5.48	67.78	10) .	11.66	47) 11.66	13.65	11) 6.91	12) .	12) .
Coblenz	40) 67.62	7.43	40) 75.05	0.74	18.41	19.15	5.45	0.35	—	—
Cöln	46) 55.47	3.81	59.28	10) .	48) 20.05	47) 20.05	6.34	13.49	0.27	0.57
Colmar	.	.	.	.	.	.	.	.	—	—
Cottbus	21.40	—	21.40	—	32.95	32.95	12.53	33.12	—	—
Danzig	48.83	2.38	51.21	5.66	11.70	17.36	1.53	30) 29.90	12) .	—
Darmstadt	30.07	—	30.07	14) —	14) —	14) —	3.42	66.51	—	—
Dessau	—	34.34	34.34	—	20.09	20.09	17.99	27.58	—	—
Dortmund	30.66	1.61	32.27	—	27.60	27.60	21.99	17.14	—	1.00
Dresden	10.77	1.63	12.40	2.22	5.13	7.35	2.27	65.24	12.74	—
Düsseldorf	11.54	23.58	35.12	—	12.62	12.62	5.19	37.75	—	9.32
Duisburg	—	45.47	45.47	—	19.65	19.65	15) 25.07	—	9.81	—
Elberfeld	27.25	2.22	29.47	1.45	23.71	25.16	16) 9.05	56) 36.32	—	—
Elbing	43.74	5.39	49.13	36.54	—	36.54	10.37	—	—	3.96
Erfurt	32.81	2.81	35.62	—	29.55	29.55	9.61	25.22	—	—
Essen	—	63.04	63.04	—	16.97	16.97	14.69	5.30	—	—
Forst	45.36	5.74	51.10	—	43.96	43.96	2.17	2.77	—	—
Frankfurt a. M.	.	.	50.57	.	.	35.34	6.88	28) 5.83	—	1.38
Frankfurt a. O.	.	—	.	—	.	.	.	.	—	—
Freiberg i. S.	12.93	1.04	13.97	—	5.35	5.35	11.47	61) 69.21	—	—
Freiburg i. Br.	46.44	6.51	52.95	—	17.92	17.92	6.71	21.74	0.68	—
Fürth	16.05	3.33	19.38	—	24.53	24.53	3.72	52.31	—	0.06
Gelsenkirchen	—	45.80	45.80	—	35.75	35.75	—	18.45	—	—

Die Anmerkungen befinden sich auf Seite 79.

für geschlossene Armenpflege.

Gemeinde	Von je 100.00 ℳ Ausgaben für geschlossene Armenpflege entfallen auf									
	A. Fürsorge in Anstalten für Kranke und Gebrechliche							B. Fürsorge in Armen- und Versorgungsanstalten		
	Krankenhauspflege			Irrenpflege						
	Aufwand in kommunalen Anst. ℳ	Zahlung an sonstige Kranken-Anst. ℳ	zusammen ℳ	Aufwand in kommunalen Anst. ℳ	Zahlung an sonstige Irren-Anst. ℳ	zusammen ℳ	Fürsorge für Gebrechliche ℳ	Siechen- und Armenhäuser ℳ	Arbeitshäuser ℳ	Obdachlosenhäuser ℳ
Gera	16.04	—	16.04	—	23.78	23.78	23) 12.07	48.11	—	—
Glauchau	16.83	—	16.83	—	13.64	13.64	3.50	65.89	—	0.14
Görlitz	.	.	.	.	.	.	—	.	—	—
Göttingen	25.74	10.30	36.04	—	15.44	15.44	10.30	28.57	8.88	0.77
Gotha	25) 14.80	26.84	41.64	—	12.65	12.65	16.29	29.42	—	—
Greifswald	—	23.42	23.42	—	3.11	3.11	1.57	0.60	71.30	—
Guben	44.65	0.54	45.19	—	18.02	18.02	0.11	35.22	—	1.46
Hagen	—	49.52	49.52	—	15.99	15.99	8.37	26.12	—	—
Halberstadt	—	27.00	27.00	—	44.93	44.93	5.47	—	—	22.60
Halle a. S.	—	45.30	45.30	—	18.96	18.96	7.11	28.63	—	—
Hamburg	29.77	4.39	34.16	26.91	—	26.91	10.18	28.75	—	—
Hamm	32.31	10.10	42.41	—	14.54	14.54	6.03	37.02	—	—
Hanau	—	33.20	33.20	—	39.32	39.32	12.68	0.80	—	53) 14.00
Hannover	38.56	8.91	47.47	—	23.07	23.07	7.80	17.48	1.50	2.68
Heilbronn	—	13.12	13.12	.	.	3.18	25.62	43) 51.98	44) 6.10	—
Hildesheim	34.78	—	34.78	—	11.36	11.36	4.98	45) 48.88	—	—
Inowrazlaw	—	87.13	87.13	—	12.87	12.87	—	—	—	—
Insterburg	—	43.97	43.97	—	4.81	4.81	8.11	43.11	—	—
Iserlohn	—	38.29	38.29	—	3.22	3.22	9.28	59) 45.06	—	4.15
Kaiserslautern	—	14.73	14.73	—	10.15	10.15	0.70	74.42	—	—
Karlsruhe	37.45	2.42	39.87	—	21.11	21.11	9.02	28.21	0.53	1.26
Kattowitz	35.19	15.80	50.99	—	49.01	49.01	—	—	—	—
Kiel	38) .	12.95	38) 12.95	16.67				39) 70.38	—	—
Königsberg i. Pr.	.	.	.	—	.	.	.	.	—	.
Königshütte Ob.-Schl.	39.55	10.72	50.27	—	16.20	16.20	11.12	22.41	—	—
Krefeld	37.96	—	37.96	—	34.82	34.82	12.44	12.88	0.01	1.89
Leipzig	21.18	4.72	25.90	17.49	15.77	33.26	3.05	54) 35.08	—	2.71
Liegnitz	9.02	2.44	11.46	—	50) 31.91	50) 31.91	51) .	56.63	—	—
Linden	—	40.81	40.81	—	14.55	14.55	10.18	33.25	1.21	—
Ludwigshafen a. Rh.	40.32	—	40.32	—	20.64	20.64	9.19	29.85	—	—
Lübeck	—	17.82	17.82	—	25.58	25.58	2.16	16.61	37.83	—
Magdeburg	.	.	.	.	.	.	.	.	.	.
Mainz	39.71	—	39.71	14) —	14) —	14) —	.	55.37	4.92	—
Malst.-Burbach	—	41.43	41.43	—	15.66	15.66	11.23	31.68	—	—
Mannheim	47.77	0.82	48.59	—	24.69	24.69	—	20.70	0.60	5.42

Die Anmerkungen befinden sich auf Seite 79.

Tabelle E. (Forts.)

Gemeinde	Von je 100.00 ℳ Ausgaben für geschlossene Armenpflege entfallen auf									
	A. Fürsorge in Anstalten für Kranke und Gebrechliche							B. Fürsorge in Armen- und Versorgungsanstalten		
	Krankenhauspflege			Irrenpflege						
	Aufwand in kommunalen Anst. ℳ	Zahlung an sonstige Kranken-Anst. ℳ	zusammen ℳ	Aufwand in kommunalen Anst. ℳ	Zahlung an sonstige Irren-Anst. ℳ	zusammen ℳ	Fürsorge für Gebrechliche ℳ	Siechen- und Armenhäuser ℳ	Arbeitshäuser ℳ	Obdachlosenhäuser ℳ
Meiderich	—	56.03	56.03	—	24.92	[33] 24.92	[33] 16.11	—	—	—
Metz	.	.	.	.	.	.	.	.	—	—
München	23.04	—	23.04	—	18.31	18.31	5.85	52.20	—	0.60
M.-Gladbach	—	35.29	35.29	—	19.65	19.65	17.31	27.75	—	—
Münster i. W.	20.63	8.81	29.44	1.98	15.37	17.35	5.40	47.81	—	—
Neumünster	16.34	5.33	21.67	—	7.68	7.68	0.63	[28] 70.02	—	—
Neunkirchen	—	25.82	25.82	—	36.17	36.17	20.03	—	—	17.98
Nordhausen	13.11	—	13.11	—	13.16	13.16	14.54	[30] 59.19	[12] .	—
Nürnberg	14.50	2.14	16.64	—	26.08	26.08	11.22	42.00	3.04	1.02
Oberhausen	—	45.34	45.34	—	[29] 9.46	[29] 9.46	[20] .	[60] 45.20	—	—
Offenbach a. M.	48.87	—	48.87	—	20.21	20.21	1.96	[55] 28.96	—	—
Oldenburg	.	.	18.84	—	31.52	31.52	1.27	—	48.37	—
Oppeln	68.61	—	68.61	—	8.54	8.54	13.62	[28] 9.23	—	—
Pforzheim	47.17	—	47.17	—	21.81	21.81	5.40	25.17	0.45	—
Pirmasens	31.79	34.59	66.38	—	24.21	24.21	—	9.41	—	—
Plauen i. V.	43.51	0.18	43.69	—	12.07	12.07	10.08	[11] 33.54	[13] 0.62	[12] .
Posen	[9] 42.95	0.20	43.15	[10] .	26.53	[47] 26.53	5.17	23.95	—	1.20
Potsdam	32.96	—	32.96	—	16.30	16.30	8.34	42.40	—	—
Ratibor	67.81	—	67.81	—	32.19	32.19	—	—	—	—
Recklinghausen	—	[32] 54 66	[32] 54.66	—	10.34	10.34	5.11	29.89	—	—
Regensburg	.	.	.	—	.	.	.	.	—	—
Rheydt	44.55	—	44.55	12.64	—	12 64	7.94	[28] 34.87	—	—
Rixdorf	34.18	34.83	69.01	—	17.91	17.91	7.23	[28] 5.85	—	—
Schweidnitz	18.16	—	18.16	—	44.42	44.42	—	[28] 32.86	—	4.56
Schwerin i. M.	35.98	—	35.98	—	28.30	28.30	3.53	32.19	—	—
Stargard i. P.	57.30	—	57.30	—	—	—	4.14	[21] 38.56	—	—
Stolp i. P.	40.34	—	40.34	—	8.91	8.91	14.58	[35] 11.66	[36] 24.51	—
Straßburg i. E.	76.73	—	76.73	—	[57] 2.09	[57] 2.09	2.52	[28] 18.34	—	0.32
Stuttgart	[52] 38.57	3.53	42.10	1.15	2.31	3.46	8.69	41.48	1.59	2.68
Weimar	[9] 26.39	[9] 18.22	[9] 44.61	[34] .	[34] .	[34] .	10.70	16.42	[28] 28.27	—
Weißenfels	5.41	6.75	12.16	—	35.69	35.69	26.14	23.53	—	2.48
Wiesbaden	60.91	3.43	64.34	—	16.53	16.53	6.24	6.29	6.60	—
Witten	—	31.47	31.47	—	25.11	25.11	21.45	[28] 21.33	0.64	—
Worms	47.44	1.91	49.35	[14] —	[14] —	[14] —	2.71	47.94	—	—
Zeitz	25.89	4.20	30.09	—	—	—	—	69.91	—	—
Zittau	.	—	.	—		.	.	.	.	—

Die Anmerkungen befinden sich auf Seite 79.

Tabelle F.

Gemeinde	Auf einen Verpflegten kommen Verpflegungstage in kommunalen Krankenhäusern	Auf einen Verpflegten kommen Verpflegungstage in sonstig. Krankenhäusern	Auf den Kopf der Bevölkerung kommen Verpflegungstage in kommunalen Krankenhäusern	Auf den Kopf der Bevölkerung kommen Verpflegungstage in sonst. Krankenhäusern	Gemeinde	Auf einen Verpflegten kommen Verpflegungstage in kommunalen Krankenhäusern	Auf einen Verpflegten kommen Verpflegungstage in sonstig. Krankenhäusern	Auf den Kopf der Bevölkerung kommen Verpflegungstage in kommunalen Krankenhäusern	Auf den Kopf der Bevölkerung kommen Verpflegungstage in sonst. Krankenhäusern
Aachen	25.70	.	0.42	.	Insterburg	—	35.36	—	0.16
Altona	31.34	—	0.39	—	Iserlohn	—	52.96	—	0.50
Berlin	.	27.65	.	0.29	Kaiserslautern . .	—	27.57	—	0.05
Bernburg . . .	—	58.38	—	0.23	Karlsruhe	27.69	35.00	0.19	0.03
Beuthen . . .	61.19	—	0.18	—	Kattowitz	18.33	25.90	0.17	0.10
Bonn	—	42.88	—	0.81	Königshütte . . .	23.05	.	0.16	.
Bremen	40.47	67.98	0.27	0.24	Krefeld	43.75	—	0.43	—
Breslau	40.39	30.72	0.41	0.05	Leipzig	35.59	24.75	0.16	0.04
Cassel	—	29.96	—	0.24	Linden	—	30.03	—	0.45
Charlottenburg	41.05	69.23	0.25	0.03	Ludwigshafen . .	56.25	—	0.01	—
Chemnitz . . .	72.71	.	0.47	.	Lübeck	—	40.92	—	0.16
Coblenz	71.68	71.06	1.33	0.22	Mainz	30.16	—	0.48	—
Cöln	30.82	54.79	0.69	0.07	Malstatt-Burbach	—	46.01	—	0.12
Colmar	43.27	.	0.77	.	München	32.83	—	0.20	—
Cottbus	24.61	—	0.13	—	Münch.-Gladbach	—	52.95	—	0.45
Danzig	33.05	21.46	0.48	0.02	Münster i. W. . .	49.55	91.17	0.43	0.28
Darmstadt . .	29.92	—	0.32	—	Nordhausen . . .	53.76	—	0.20	—
Dortmund . .	37.58	89.61	0.14	0.01	Nürnberg	31.29	28.36	0.05	0 01
Dresden . . .	18.16	31.18	0 06	0.03	Offenbach a. M. .	144.05	—	1.65	—
Düsseldorf . .	20.58	39.33	0.13	0.25	Oppeln	47.73	—	0.15	—
Duisburg . . .	—	39.86	—	0.28	Pforzheim	30.64	—	0.22	—
Elberfeld . . .	31.92	.	0.26	.	Plauen i. V. . . .	37.96	134.00	0.22	0.00
Elbing	35.34	38.89	0.13	0.01	Posen	28.46	49.67	0.20	0.00
Erfurt	58.69	31.28	0.30	0.03	Potsdam	41.75	—	0.36	—
Essen	—	49.75	—	0.73	Ratibor	64.36	—	0.38	—
Freiberg i. S.	30.01	68.56	0.14	0.02	Recklinghausen . .	. .	.	.	0.11
Fürth	27.79	18.11	0.06	0.01	Rheydt	.	—	0.27	—
Glauchau . . .	31.98	—	0.06	—	Rixdorf	22.91	.	0.14	.
Göttingen . . .	56.20	.	0.30	.	Schweidnitz . . .	30.49	—	0.23	—
Gotha	.	.	0.08	0.13	Schwerin i. M. .	25.73	—	0.30	—
Greifswald . .	—	32.76	—	0.19	Stargard i. Pom.	31.71	—	0.05	—
Guben	30.07	15.69	0.40	0.01	Stolp i. Pom. . .	28.85	—	0.34	—
Hagen	—	51.43	—	0.58	Straßburg i. E. .	21.85	—	1.83	—
Halberstadt . .	—	40.12	—	0.32	Stuttgart	46.41	36.99	0.31	0.05
Halle a. S. . .	—	22.80	—	0.26	Weimar	58.80	64.50	0.08	0.05
Hamburg . . .	37.59	51.72	0.56	0.08	Weißenfels	52.26	40.88	0 04	0.02
Hamm	63.36	144.00	0.27	0.10	Wiesbaden	26.55	40.99	0.40	0.04
Hannover . . .	31.14	30.46	0.25	0.06	Witten	—	38.77	—	0.17
Heilbronn . . .	—	47.57	—	0.06	Worms	25.73	63.78	0.24	0.01
Hildesheim . .	35.38	—	0.40	—	Zeitz	40.77	.	0.09	.

Tabelle G. Die Ausgaben für

Gemeinde	Von je 100.00 M. Ausgaben für Kinderpflege (vollständige Fürsorge) entfallen auf		
	Aufwand in eigenen Anstalten M	Zahlung an fremde Anstalten M	Aufwand für in Familienpflege untergebrachte Kinder M
Aachen	45.79	—	54.21
Altenessen	93.99	—	6.01
Altona	.	.	.
Aschersleben	—	—	—
Barmen	41.72	41.25	17.03
Berlin	[10]) 16.11	4.52	79.37
Bernburg	—	20.11	79.89
Beuthen	[10]) 85.42	3.52	11.06
Bonn	—	67.35	32.65
Brandenburg a. H.	—	—	100.00
Bremen	—	8.23	91.77
Breslau	10.69	27.50	61.81
Cassel	—	1.19	98.81
Charlottenburg	—	10.78	89.22
Chemnitz	95.05	4.95	—
Coblenz	—	78.59	21.41
Cöln	.	.	.
Colmar	.	.	.
Cottbus	—	1.22	98.78
Danzig	25.86	47.54	26.60
Darmstadt	—	22.15	77.85
Dessau	17.12	—	82.88
Dortmund	[10]) 31.67	21.30	47.03
Dresden	57.13	1.99	40.88
Düsseldorf	63.69	14.66	21.65
Duisburg	66.91	33.09	[2]) .
Elberfeld	81.28	7.51	11.21
Elbing	—	—	100.00
Erfurt	—	49.11	50.89
Essen	38.46	61.54	
Forst	—	79.25	20.75
Frankfurt a. M.	13.59	—	86.41
Frankfurt a. O.	71.48	—	28.52
Freiberg i. S.	[3]) 46.80	21.28	31.92
Freiburg i. Br.	16.57	16.82	66.61
Fürth	—	81.29	18.71
Gelsenkirchen	—	100.00	
Gera	59.12	—	[14]) 40.88
Glauchau	—	93.28	6.72
Görlitz	—	100.00	—
Göttingen	—	—	100.00
Gotha	—	[11]) 39.59	[5]) 60.41
Greifswald	—	7.52	92.48
Guben	39.23	15.20	45.57
Hagen	—	93.80	6.20
Halberstadt	7.90	—	92.10
Halle a. S.	27.23	9.46	63.31
Hamburg	45.47	1.70	52.83
Hamm	—	55.32	46.68
Hanau	—	—	100.00
Hannover	20.27	0.82	78.91
Heilbronn	26.84	39.96	33.20
Hildesheim	90.84	2.31	6.85
Inowrazlaw	—	—	—

Die Anmerkungen befinden sich auf Seite 81.

Kinderpflege (vollständige Fürsorge).

Gemeinde	Von je 100.00 M. Ausgaben für Kinderpflege (vollständige Fürsorge) entfallen auf		
	Aufwand in eigenen Anstalten M	Zahlung an fremde Anstalten M	Aufwand für in Familienpflege untergebrachte Kinder M
Insterburg	—	—	100.00
Iserlohn	[6] 30.68	66.30	3.02
Kaiserslautern	—	14.57	85.43
Karlsruhe	—	38.80	61.20
Kattowitz	—	41.34	58.66
Kiel	—	4.74	95.26
Königsberg i. Pr	39.44	54.47	6.09
Königshütte, O.-Schl.	28.34	39.12	32.54
Krefeld	5.51	66.35	28.14
Leipzig	17.71	3.07	79.22
Liegnitz	.	.	.
Linden	—	3.40	96.60
Ludwigshafen a. Rh.	—	26.90	73.10
Lübeck	—	4.62	95.38
Magdeburg	33.01	1.19	65.80
Mainz	—	31.60	68.40
Malstatt-Burbach	—	8.22	91.78
Mannheim	—	51.28	48.72
Meiderich	—	100.00	
Metz	.	.	.
München	—	68.94	31.06
München-Gladbach	—	54.50	45.50
Münster i. W.	41.81	17.35	40.84
Neumünster	—	7.22	92.78
Neunkirchen	—	62.02	37.98
Nordhausen	85.93	9.50	4.57
Nürnberg	42.49	28.12	29.39
Oberhausen	—	[12] .	100.00
Offenbach a. M.	—	—	100.00
Oldenburg	—	—	100.00
Oppeln	—	100.00	—
Pforzheim	50.90	1.32	47.78
Pirmasens	—	65.82	34.18
Plauen i. V.	[15] .	32,83	67.17
Posen	31.23	2.03	66.74
Potsdam	[10] 10.21	28.02	61.77
Ratibor	—	—	100.00
Recklinghausen	—	92.25	7.75
Regensburg	—	37.42	62.58
Rheydt	—	88.52	11.48
Rixdorf	19.99	—	80.01
Schweidnitz	—	45.40	54.60
Schwerin i. M.	—	13.65	86.35
Stargard i. Pom.	—	—	100.00
Stolp i. Pom.	—	20.77	79.23
Straßburg i. E.	93.10	[17] 6.90	
Stuttgart	—	48.96	51.04
Weimar	—	23.22	76.78
Weißenfels	—	—	100.00
Wiesbaden	—	74.83	25.17
Witten	—	39.45	60.55
Worms	—	—	100.00
Zeitz	—	—	100.00
Zittau	—	52.40	47.60

Die Anmerkungen befinden sich auf Seite 81.

Tabelle H. Die Gesammtkosten

Gemeinde	Bevölkerungs-zahl	Auf den Kopf der Bevölkerung betragen die Kosten der allgemeinen Verwaltung		
		überhaupt	darunter	
			für ehren-amtliche Organe	für Besoldungen
		₰	₰	₰
Aachen	135 245	[1] 58.5	0.2	34.2
Altenessen	28 668	28.8	—	17.7
Altona	161 501	[2] 14.1	—	12.5
Aschersleben	27 245	[2] 8.5	—	6.7
Barmen	141 944	[2] 13.8	0.6	11.9
Berlin	1 888 848	.	4.8	.
Bernburg	34 431	16.5	—	10.5
Beuthen	51 404	.	.	.
Bonn	50 736	38.6	—	28.2
Brandenburg a. H.	49 250	[2] 14.9	—	14.9
Bremen	163 297	[3] 32.2	0.1	27.2
Breslau	422 709	41.3	0.3	37.5
Cassel	106 034	21.7	—	17.4
Charlottenburg	189 305	.	.	.
Chemnitz	206 913	[2] 5.6	—	4.9
Coblenz	45 147	32.9	—	29.0
Cöln	372 529	28.0	0.6	18.9
Colmar	36 844	[2] 28.0	—	23.2
Cottbus	39 322	[2] 22.5	—	21.7
Danzig	140 563	48.8	1.0	41.1
Darmstadt	72 381	[2] 28.7	—	27.4
Dessau	50 849	30.0	—	21.1
Dortmund	142 733	20.6	—	18 9
Dresden	396 146	[2] 32.2	1.7	26.7
Düsseldorf	213 711	[2] 21.6	—	19.0
Duisburg	92 730	[2] 10.5	—	9.2
Elberfeld	156 966	18 8	0.5	15.7
Elbing	52 518	12.3	0.3	8.5
Erfurt	85 202	[2] 18.5	—	16.6
Essen	118 862	18.9	—	17.4
Forst	32 075	[2] 19.1	—	18.7
Frankfurt a. M.	288 989	60.2	34.0	
Frankfurt a. O.	61 852	[2] 16.8	—	14.4
Freiberg i. S.	30 175	[4] 34.7	—	[4] 29.1
Freiburg i. Br.	61 504	23.5	0.0	[35] 18.2
Fürth	54 144	[2] 7.3	—	7.2
Gelsenkirchen	36 935	[2] 5.8	—	5.6
Gera	45 634	[2] 9.3	—	[6] 9.0
Glauchau	25 677	[2] 10.2	—	8.5
Görlitz	80 931	14.6	—	13.7
Göttingen	30 234	[2] 8.9	—	7.9
Gotha	34 651	24.0	—	21.4
Greifswald	22 950	37.1	—	[36] 33.0
Guben	33 122	9.6	0.2	4.5
Hagen	50 612	19 4	—	17.0
Halberstadt	42 810	[2] 23.5	—	20.3
Halle a. S.	156 609	28.7	0.1	24.1
Hamburg	705 738	37.5	0.4	28.7
Hamm	31 371	12.0	—	10.0
Hanau	29 847	50.1	—	35.5
Hannover	235 649	33.9	—	28.5
Heilbronn	37 891	77.5	0.2	28.9
Hildesheim	42 973	38.5	—	30.4
Inowrazlaw	26 141	.	.	.

Die Anmerkungen befinden sich auf Seite 81.

der öffentlichen Armenpflege.

Auf den Kopf der Bevölkerung betragen die						
Kosten der			Zahlungen an auswärtige Armenverbände	Zuschüsse an sonstige Wohltätigkeitsanstalten	Kosten der	
offenen Armenpflege ₰	geschlossenen Armenpflege ₰	Kinderpflege ₰	₰	₰	öffentlichen Armenpflege überhaupt ₰	offenen, geschlossenen Armen- und Kinderpflege insbesondere ₰
220.4	362.3	37.7	7.1	—	686.0	620.4
101.0	97.3	23.4	18.0	7.9	276.4	221.7
101.2	[17] 122.1	13.0	24.1	1.1	275.6	236.3
107.3	.	—	9.3	—	.	.
[18] 99.9	[19] 121.4	39.6	9.5	7.1	291.3	260.9
406.1	.	.	12.1	9.8	.	.
188.3	88.4	21.7	9.0	3.5	327.4	298.4
73.8	42.7	[20] 26.9	4.2	8.6	.	143.4
261.9	251.2	76.5	8.3	1.3	637.8	589.6
46.5	.	10.6	5.5	2.5	.	.
158.1	217.6	37.0	18.7	0.1	463.7	412.7
160.7	[21] 183.4	22.8	6.4	14.2	428.8	366.9
108.1	110.2	26.7	3.5	1.1	271.3	245.0
[23] 195.4	[22] 93.7	23.1	16.6	10.2	.	312.2
94.9	75.2	31.6	12.2	5.9	225.4	201.7
187.7	255.4	33.2	4.8	—	514.0	476.3
146.2	210.6	.	7.0	.	.	.
170.8	.	.	.	.	.	.
145.5	59.7	20.0	9.5	3.4	260.6	225.2
163.1	216.6	50.4	9.4	0.7	489.0	430.1
156.3	113.5	26.3	6.6	1.4	332.8	296.1
177.4	57.3	19.1	6.7	—	290.5	253.8
74.2	70.3	[20] 41.8	6.3	1.0	214.2	186.3
193.9	167.8	54.3	14.0	—	462.2	416.0
185.3	202.3	46.1	20.3	—	475.6	433.7
[24] 144.4	86.8	[25] 35.0	13.9	8.2	298.8	266.2
136.2	140.6	83.3	10.7	6.4	396.0	360.1
121.6	44.8	29.0	16.7	1.1	225.5	195.4
111.6	110.9	22.1	7.2	8.2	278.5	244.6
165.0	151.3	28.8	25.6	11.4	401.0	345.1
130.7	82.9	31.1	2.6	10.0	276.4	244.7
139.3	[17] 236.4	25.4	11.5	3.7	476.5	401.1
96.9	.	81.8	4.5	6.9	.	.
88.4	[5] 111.3	[5] 46.4	9.0	3.5	293.3	246.1
67.4	89.3	52.2	2.5	9.0	243.9	208.9
169.2	90.3	29.8	10.8	—	307.4	289.3
66.1	100.3	16.9	6.4	—	195.5	183.3
[27] 80.0	92.5	[26] 44.2	7.5	11.1	244.6	216.7
79.1	57.0	16.9	6.3	—	169.5	153.0
153.5	.	6.9	8.1	3.2	.	.
[28] 121.4	128.5	16.9	6.6	—	282.3	266.8
129.4	101.2	[29] 31.4	9.6	11.8	307.4	262.0
133.4	98.2	42.1	9.6	7.9	328.3	273.7
84.9	139.1	29.1	2.1	0.3	265.1	253.1
208.3	155.9	18.8	14.6	—	417.0	383.0
182.9	119.1	20.1	14.9	0.5	361.0	322.1
169.0	128.3	33.9	10.4	7.3	377.6	331.2
323.8	260.7	120.1	10.3	2.0	754.4	704.6
49.9	76.0	14.4	6.4	0.6	159.3	140.3
119.9	91.8	29.9	7.1	0.3	299.1	241.6
72.6	128.5	30.4	11.8	—	277.2	231.5
79.0	67.7	37.2	4.7	[7] 7.3	273.4	183.9
69.5	[30] 205.0	75.0	5.3	1.9	395.2	349.5
127.6	46.5	—	.	1.5	.	174.1

Die Anmerkungen befinden sich auf Seite 81.

Tabelle H. (Forts.) **Die Gesammtkosten**

Gemeinde	Bevölkerungszahl	Auf den Kopf der Bevölkerung betragen die Kosten der allgemeinen Verwaltung		
		überhaupt	darunter	
			für ehrenamtliche Organe	für Besoldungen
		₰	₰	₰
Insterburg	27 787	13.9	—	9.3
Iserlohn	27 265	13.0	—	[8]) 11.0
Kaiserslautern	48 310	24.0	—	15.5
Karlsruhe	97 185	[2]) 27.1	—	25.1
Kattowitz	31 738	23.0	—	12.3
Kiel	107 977	29.3	0.3	24.6
Königsberg i. Pr.	189 483	[2]) 5.8	2.4	0.7
Königshütte Ob.-Schl.	57 919	11.4	—	8.5
Krefeld	106 893	[2]) 22.5	—	19.6
Leipzig	456 124	33.1	0.9	27.8
Liegnitz	54 882	.	.	.
Linden	50 628	65.6	—	48.4
Ludwigshafen a. Rh.	61 914	21.3	—	19.5
Lübeck	82 098	26.9	—	[10]) 16.3
Magdeburg	229 667	25.9	0.0	21.1
Mainz	84 251	33.6	—	26.6
Malstatt-Burbach	31 195	[2]) 6.7	—	5.8
Mannheim	141 131	26.7	1.2	17.5
Meiderich	33 690	[2]) 12.1	—	11.6
Metz	58 462	16.3	—	15.4
München	499 932	11.5	0.3	8.3
München-Gladbach	58 023	32.2	—	28.8
Münster i. W.	63 754	45.3	—	42.8
Neumünster	27 335	[2]) 31.2	20.9	
Neunkirchen	27 684	[12]) 9.0	.	.
Nordhausen	28 497	[2]) 17.4	—	16.0
Nürnberg	261 081	8.7	0.1	7.2
Oberhausen	42 148	[2]) 17.4	—	14.3
Offenbach a. M.	50 468	28.8	—	23.5
Oldenburg	26 797	9.4	0.8	4.5
Oppeln	30 112	[2]) 5.2	—	5.0
Pforzheim	43 351	[2]) 9.7	—	7.5
Pirmasens	30 195	[2]) 1.7	—	1.7
Plauen i. V.	73 888	14.0	—	12.0
Posen	117 033	.	.	.
Potsdam	59 796	.	.	.
Ratibor	25 250	20.7	0.4	15.4
Recklinghausen	34 019	13.5	—	12.3
Regensburg	45 429	27.9	—	22.4
Rheydt	34 036	[2]) 11.8	—	10.6
Rixdorf	90 422	21.3	—	13.5
Schweidnitz	28 439	18.6	—	14.9
Schwerin i. M.	38 672	30.0	0.1	19.4
Stargard i. Pom.	26 858	[34]) 21.4	—	[34]) 16.7
Stolp i. Pom.	27 293	23.2	—	18.1
Straßburg i. E.	151 041	59.0	—	[37]) 48.7
Stuttgart	176 699	[6]) 32.4	—	[6]) 26.4
Weimar	28 489	5.1	—	4.0
Weißenfels	28 201	7.0	—	3.2
Wiesbaden	86 111	[15]) 27.2	—	[15]) 22.6
Witten	33 517	[2]) 22.8	—	21.2
Worms	40 705	[2]) 17.7	—	15.3
Zeitz	27 391	.	.	.
Zittau	30 921	[2]) 16.9	—	16.5

Die Anmerkungen befinden sich auf Seite 81.

der öffentlichen Armenpflege.

Auf den Kopf der Bevölkerung betragen die						
Kosten der			Zahlungen an auswärtige Armenverbände	Zuschüsse an sonstige Wohltätigkeitsanstalten	Kosten der	
offenen Armenpflege ₰	geschlossenen Armenpflege ₰	Kinderpflege ₰	₰	₰	öffentlichen Armenpflege überhaupt ₰	offenen, geschlossenen Armen- und Kinderpflege insbesondere ₰
94.0	26.2	1.2	14.4	—	149.8	121.4
126.5	[31] 206.6	[20] 35.6	7.2	1.1	390.0	368.7
58.7	47.1	41.0	2.9	0.2	173.9	146.8
100.4	121.2	51.9	3.8	0.2	[14] 304.6	273.5
108.4	36.2	30.4	5.2	5.9	209.1	175.0
169.9	166.9	23.7	8.7	1.4	399.9	360.5
154.3	.	22.0	5.5	2.5	.	.
80.9	39.3	35.0	2.4	3.0	172.0	155.2
226.9	135.6	47.6	22.8	2.8	458.2	410.1
170.0	114.5	59.9	8.8	[9] 2.1	388.4	344.4
86.5	0.56	.	1.1	7.7	.	.
165.7	130.3	45.7	8.0	1.6	416.9	341.7
95.4	7.1	10.9	1.7	7.4	143.8	113.4
57.4	135.1	16.2	3.6	—	239.2	208.7
131.0	.	23.9	7.6	0.7	.	.
109.8	153.4	14.3	8.1	—	319.2	277.5
93.5	28.8	27.7	6.4	—	163.1	150.0
112.7	68.2	[11] 31.6	5.5	4.9	249.6	212.5
126.6	56.3	13.3	9.9	1.0	219.2	196.2
120.1	.	.	.	.	.	.
140.8	130.7	31.8	1.2	16.1	332.1	303.3
187.5	142.6	44.3	24.3	—	430.9	374.4
177.8	205.0	43.4	10.8	—	482.3	426.2
169.2	[17] 65.2	45.1	1.5	—	312.2	279.5
137.3	24.6	31.8	33.4	4.3	240.4	193.7
139.3	131.7	52.9	12.6	12.5	366.4	323.9
[32] 179.1	93.0	[32] 29.5	.	1.4	311.7	301.6
170.8	[13] 106.6	[13] 10.3	21.8	7.4	334.3	287.7
154.5	175.9	14.3	11.0	—	[16] 389.6	344.7
40.2	108.3	24.2	.	0.5	182.6	172.7
105.8	[17] 59.7	28.9	4.8	4.6	209.0	194.4
103.6	105.9	46.7	3.3	—	269.2	256.2
84.2	19.8	20.8	.	—	126.5	124.8
48.2	[33] 79.6	[33] 15.8	3.9	6.4	167.9	143.6
176.8	127.4	36.4	5.7	1.9	.	340.7
134.6	153.9	[20] 30.6	9.7	1.6	.	319.1
174.0	54.4	29.3	9.1	2.8	290.3	257.7
108.2	41.7	17.5	5.9	—	186.8	167.4
176.2	.	15.9	4.2	0.3	.	.
159.4	[17] 60.7	20.3	17.6	—	269.8	240.4
93.1	[17] 100.5	22.7	33.2	—	270.8	216.3
69.0	[17] 48.0	29.1	23.3	6.0	194.0	146.1
164.6	128.4	36.3	6.1	0.5	365.9	329.3
81.9	[34] 13.6	23.6	8.1	0.8	149.4	119.1
188.5	113.1	22.5	10.6	18.8	376.7	324.1
203.2	[17] 498.0	72.6	0.3	9.6	842.7	773.8
95.7	144.8	16.1	68.1	10.0	367.1	256.6
36.8	32.0	10.1	4.6	14.6	103.2	78.9
88.3	57.2	18.4	7.0	2.2	180.1	163.9
133.5	126.5	40.7	8.5	15.1	351.5	300.7
85.4	[17] 71.6	18.3	8.4	—	206.5	175.3
133.5	100.2	13.0	2.6	2.3	269.3	246.7
103.9	49.9	55.2	7.1	4.6	.	209.0
85.4	.	13.3	12.0	9.8	.	.

Tabelle J. Einnahmen

Gemeinde	Von 100.00 M. Einnahmen der Armenverwaltung entfallen auf			
	Einnahmen aus		Zuschüsse	
	eigenem Vermögen M	Stiftungen pp. M	der Staatskasse M	größ. korp. Verbände M
Aachen	28.28	0.77	—	—
Altenessen	0.93	—	—	10.37
Altona	—	1.03	—	—
Aschersleben	.	.	—	—
Barmen	—	3.50	—	—
Berlin	—	—	—	—
Bernburg	—	21.22	—	—
Beuthen	.	—	—	—
Bonn	11.32	3.64	—	—
Brandenburg a. H.	—	.	—	—
Bremen	—	1.21	—	—
Breslau	2.74	0.63	—	—
Cassel	0.23	9.43	—	—
Charlottenburg	—	—	—	—
Chemnitz	1.62	0.77	—	—
Coblenz	2.98	0.76	—	—
Cöln	.	.	—	.
Colmar	.	.	—	—
Cottbus	0.26	3.06	—	—
Danzig	5.60	2.31	—	—
Darmstadt	—	2.48	0.07	7.26
Dessau	1.98	0.10	—	—
Dortmund	22.99	0.16	—	—
Dresden	1.39	2.98	—	—
Düsseldorf	0.49	—	—	—
Duisburg	0.85	—	—	—
Elberfeld	3.68	0.16	—	—
Elbing	0.11	17.34	—	—
Erfurt	3.91	2.14	0.12	—
Essen	0.86	0.77	0.02	—
Forst	0.46	0.04	—	—
Frankfurt a. M.	—	20.64	—	0.08
Frankfurt a. O.	.	.	—	—
Freiberg i. S.	2.56	[2]) 7.93	—	—
Freiburg i. Br.	—	37.44	2.86	7.32
Fürth	1.50	0.48	0.12	1.06
Gelsenkirchen	—	—	—	—
Gera	0.73	4.68	—	—
Glauchau	3.35	—	—	—
Görlitz	.	.	—	—
Göttingen	4.22	1.64	—	—
Gotha	—	4.84	6.78	—
Greifswald	—	[1]) 4.27	—	—
Guben	8.24	1.90	—	—
Hagen	0.15	—	—	—
Halberstadt	12.35	0.44	—	1.07
Halle a. S.	0.30	4.13	—	2.97
Hamburg	—	—	—	—
Hamm	33.00	—	—	—
Hanau	—	21.21	—	2.51
Hannover	3.63	1.35	—	—
Heilbronn	61.25	0.90	—	—
Hildesheim	46.89	1.20	2.46	0.05
Inowrazlaw	—	.	—	—
Insterburg	—	0.05	—	—

Die Anmerkungen befinden sich auf Seite 82.

der Armenverwaltung.

Von 100.00 M. Einnahmen der Armenverwaltung entfallen auf							
Erstattungen				Einnahmen aus Steuern, Strafgeld., Gebühren pp.	sonstige Einnahmen	alle vorstehenden Einnahmen zusammen	den städtischen Zuschuß
von Armenverbänden	von Krankenkassen pp.	v. Unterstützten selbst pp.	zusammen				
ℳ	ℳ	ℳ	ℳ	ℳ	ℳ	ℳ	ℳ
.	.	.	[15]) 49.92	—	2.87	81.84	18.16
8.39	9.30	5.03	22.72	[4]) .	[13]) 1.65	35.67	64.33
22.25	1.92	7.45	31.62	—	0.28	32.93	67.07
.	.	.	.	.	.	.	.
9.52	1.33	8.01	18.86	5.80	1.78	29.89	70.11
.	.	.	.	.	.	.	.
9.95	2.21	0.36	12.52	34.27	0.46	68.47	31.53
.	.	.	.	.	.	.	.
15.94	1.02	4.41	21.37	3.81	0.77	40.91	59.09
.	.	.	.	.	.	.	.
13.74	2.90	3.06	19.70	—	—	20.92	79.08
1.48	1.17	1.84	4.49	0.00	0.80	8.66	91.34
8.92	2.69	1.48	13.09	0.09	—	22.84	77.16
.	.	.	.	.	—	.	.
12.52	0.09	0.72	13.33	38.66	—	54.38	45.62
4.81	0.51	1.61	6.93	0.07	5.87	16.61	83.39
.	.	.	.	—	.	.	.
.	.	—	.	.	.	.	.
8.12	1.18	5.10	14.40	0.35	1.74	19.81	80.19
6.18	7.11	2.38	15.67	0.20	—	23.78	76.22
.	.	.	17.46	—	0.97	28.24	71.76
10.38	1.02	4.19	15.59	5.38	—	23.05	76.95
.	.	.	16.08	0.29	0.03	39.55	60.45
7.00	1.06	4.90	12.96	8.08	1.68	27.09	72.91
8.38	2.77	2.00	13.15	—	2.95	16.59	83.41
5.98	6.60		12.58	7.87	0.85	22.15	77.85
6.24	1.32	4.07	11.63	6.99	0.74	23.20	76.80
.	.	.	5.04	0.14	0.04	22.67	77.33
5.74	1.24	9.07	16.05	0.10	1.29	23.61	76.39
5.25	3.14	7.15	15.54	[4]) .	[3]) 1.14	18.33	81.67
4.29	1.35	3.86	9.50	0.18	0.10	10.28	89.72
.	.	.	17.01	—	0.94	38.67	61.33
.	.	.	.	.	.	.	.
11.53	1.73	9.28	22.54	11.27	0.96	45.26	54.74
0.44	2.18	2.39	5.01	—	—	52.63	47.37
2.06		0.60	2.66	0.26	0.25	6.33	93.67
.	.	.	36.08	—	—	36.08	63.92
10.43	7.16	4.76	22.35	0.62	0.80	29.18	70.82
9.25	3.08	6.13	18.46	24.25	0.17	46.23	53.77
.	.	.	.	.	.	.	.
.	.	.	14.06	10.54	0.82	31.28	68.72
8.83	0.26	0.77	9.86	—	[5]) 3.31	24.79	75.21
20.36	4.64		25.00	0.27	3.87	33.41	66.59
7.52	11.62	12.50	31.64	0.14	0.14	42.06	57.94
7.86	1.39	4.25	13.50	1.31	0.04	15.00	85.00
8.56	—	5.23	13.79	0.81	—	28.46	71.54
10.25	2.60	4.76	17.61	0.66	0.35	26.02	73.98
2.21	1.92	3.05	7.18	—	—	7.18	92.82
6.45	3.06	7.99	17.50	—	[14]) 9.19	59.69	40.31
8.52	2.47	5.40	16.39	0.72	0.25	41.08	58.92
6.46	2.29	5.92	14.67	0.12	3.42	23.19	76.81
8.12	0.40	5.22	13.74	13.14	1.66	90.69	9.31
9.12	3.14	3.50	15.76	0.18	5.83	72.37	27.63
.	.	.	.	.	.	.	.
3.70	2.27	2.48	8.45	0.14	—	8.64	91.36

Tabelle J. Einnahmen

Gemeinde	Von 100.00 M. Einnahmen der Armenverwaltung entfallen auf			
	Einnahmen aus		Zuschüsse	
	eigenem Vermögen	Stiftungen pp.	der Staatskasse	größ. korp. Verbände
	M	M	M	M
Iserlohn	2.78	—	—	—
Kaiserslautern	1.37	39.01	—	0.65
Karlsruhe	—	0.13	—	—
Kattowitz	—	2.15	—	—
Kiel	—	1.33	—	—
Königsberg i. Pr.	.	—	—	—
Königshütte, O.-Schl.	—	0.18	—	—
Krefeld	—	1.39	—	—
Leipzig	0.20	12.00	—	—
Liegnitz	.	.	—	—
Linden	—	—	—	—
Ludwigshafen a. Rh.	0.88	—	—	1.35
Lübeck	48.15	2.20	—	—
Magdeburg	.	.	—	.
Mainz	5.80	0.66	—	—
Malstatt-Burbach	—	—	—	6.54
Mannheim	—	0.48	—	8.13
Meiderich	—	—	—	7.00
Metz	.	.	—	—
München	6.97	2.40	0.17	—
München-Gladbach	0.19	—	—	—
Münster i. W.	56.15	—	—	—
Neumünster	—	—	—	—
Neunkirchen	—	—	—	—
Nordhausen	2.90	33.38	—	—
Nürnberg	0.37	8.63	0.04	—
Oberhausen	—	0.90	—	—
Offenbach a. M.	0.16	1.13	—	1.38
Oldenburg	3.58	—	—	—
Oppeln	0.74	0.02	—	—
Pforzheim	—	3.44	6.85	—
Pirmasens	.	.	.	.
Plauen i. V.	—	0.63	—	—
Posen	.	—	—	—
Potsdam	.	.	.	.
Ratibor	0.10	3.88	—	—
Recklinghausen	3.22	0.14	—	—
Regensburg	.	.	—	—
Rheydt	0.90	—	—	—
Rixdorf	—	0.04	—	—
Schweidnitz	1.64	3.89	—	—
Schwerin i. M.	2.65	—	—	—
Stargard i. Pom.	2.93	—	—	11.29
Stolp i. Pom.	0.62	2.67	—	—
Straßburg i. E.	49.25	0.24	4.17	0.67
Stuttgart	8.05	0.66	1.22	—
Weimar	4.29	3.63	0.17	—
Weißenfels	1.60	8.00	—	23.82
Wiesbaden	1.58	4.82	—	—
Witten	—	0.50	—	—
Worms	—	0.67	—	—
Zeitz	.	.	—	—
Zittau	.	.	—	—

Die Anmerkungen befinden sich auf Seite 82.

der Armenverwaltung.

Von 100.00 M. Einnahmen der Armenverwaltung entfallen auf							
Erstattungen				Einnahmen aus Steuern, Strafgeld., Gebühren pp.	sonstige Einnahmen	alle vorstehenden Einnahmen zusammen	den städtischen Zuschuß
von Armenverbänden	von Krankenkassen pp.	v. Unterstützten selbst pp.	zusammen				
M	M	M	M	M	M	M	M
.	.	.	11.75	0.35	0.65	15.53	84.47
3.79	4.21	1.87	9.87	2.43	3.71	57.04	42.96
23.14		3.70	26.84	—	0.16	27.13	72.87
3.02	0.25	1.57	4.84	[6]) 1.85	0.21	9.05	90.95
12.91	2.07	2.56	17.54	—	5.54	24.41	75.59
.	.	.	.	.	.	.	.
11.32	3.62	1.81	16.75	0.33	—	17.26	82.74
2.39	4.80		7.19	—	0.19	8.77	91.23
9.54	7.23		16.77	16.76	0.94	46.67	53.33
.	.	.	.	.	—	.	.
19.16	2.41	7.48	29.05	0.12	1.30	30.47	69.53
40.71	1.51	1.65	43.87	2.05	1.22	49.37	50.63
27.80	2.81	4.00	34.61	0.14	3.19	88.29	[16]) 11.71
.	.	.	.	.	.	.	.
10.49	3.64	2.66	16.79	—	18.41	41.66	58.34
20.94	5.18	6.11	32.23	15.82	—	54.59	45.41
.	.	.	5.84	—	1.12	15.57	84.43
12.97	1.00	6.38	20.35	4.65	—	32.00	68.00
.	—	—	.	.	—	.	.
[8]) 1.06	—	[9]) 4.57	5.63	3.41	3.42	22.00	78.00
9.68	1.89	2.91	14.48	—	0.04	14.71	85.29
8.84	3.54	1.44	13.82	—	—	69.97	30.03
24.53	2.31	5.14	31.98	58.59	—	90.57	9.43
7.09	2.88	3.31	13.28	—	—	13.28	86.72
1.22	—	4.37	5.59	0.00	1.58	43.45	56.55
6.51	0.34	3.19	10.04	0.76	2.18	22.02	77.98
18.70	2.52	5.28	26.50	6.40	0.47	34.27	65.73
8.32	2.47	3.36	14.15	—	0.26	17.08	82.92
11.46		3.05	14.51	57.89	3.80	79.78	20.22
0.55	0.42	0.61	1.58	6.04	0.31	8.69	91.31
14.05	6.17	7.88	28.10	—	0.23	38.62	61.38
.	.	.					
.	.	.	28.85	64.45	0.01	93.94	6.06
.	.	.	.	.	.	.	.
.	.	.	.	.	.	.	.
9.38	0.98	1.23	11.59	0.04	2.28	17.89	82.11
28.11	4.74	2.81	35.66	0.42	—	39.44	60.56
.	.	.	.	.	.	.	.
10.89	—	4.30	15.19	1.09	—	17.18	82.82
13.31	6.85	4.81	24.97	0.07	—	25.08	74.92
9.33	11.99	1.15	22.47	1.03	1.25	30.28	69.72
3.48	0.02	2.36	5.86	91.24	0.25	100.00	—
10.46	—	5.54	16.00	—	0.78	31.00	69.00
5.50	0.30	1.47	7.27	0.26	0.20	11.02	88.98
[8]) 6.56	[10]) 18.86		25.42	3.56	4.87	88.18	11.82
9.59	2.37	3.86	15.82	10.35	0.13	36.23	63.77
5.49	0.22	4.20	9.91	12.12	2.01	32.13	67.87
8.60	0.21	4.95	13.76	22.25	1.26	70.69	29.31
10.39	2.27	5.82	18.48	—	1.98	26.86	73.14
16.01		8.46	24.47	—	0.88	25.85	74.15
9.07	3.60	3.93	16.60	0.08	6.46	23.81	76.19
.	—	.	.	.	.	.	.
.	.	.	.	.	.	.	.

Tabelle I. Allgemeine Ver=

Gemeinde	Rechnungs-jahr	Aufwand für die Diensträume pp. ℳ	Aufwand für ehrenamtliche Organe ℳ	Besoldungen ℳ	Druckkosten pp. ℳ	Sonstige Verwaltungskosten ℳ	Summe ℳ
		1	2	3	4	5	6
Aachen	1./4. 1900/01	1 194	289	46 243	4 977	14) 26 459	14) 79 162
Altenessen	″	700	—	5 075	2 035	454	8 264
Altona	″	.	—	20 111	2 615	13	9) 22 739
Aschersleben	″	.	—	1 825	317	189	9) 2 331
Barmen	″	.	810	16 827	1 809	64	9) 19 510
Berlin	″	.	91 168	.	.	.	.
Bernburg	″	860	—	3 600	931	290	5 681
Beuthen	″	.	.	.	—	343	.
Bonn	″	3 000	—	14 320	1 000	1 284	19 604
Brandenburg a. H.	″	.	—	7 322	12	—	9) 7 334
Bremen	″	4 000	75	44 345	2 243	1) 1 893	1) 52 556
Breslau	″	6 840	1 245	158 667	7 108	487	174 347
Cassel	″	1 565	—	18 481	2 593	361	23 000
Charlottenburg	″	.	.	.	.	.	.
Chemnitz	1900	.	—	10 130	1 340	230	9) 11 700
Coblenz	1./4. 1900/01	670	—	13 085	649	435	14 839
Cöln	″	20 309	2 193	70 319	10 915	704	104 440
Colmar	*) 1900	.	—	8 558	917	857	9) 10 332
Cottbus	1./4. 1900/01	.	—	8 550	300	—	9) 8 850
Danzig	″	4 594	1 349	57 719	2 758	2 138	68 558
Darmstadt	″	.	—	19 846	650	276	9) 20 772
Dessau	1./7. 1900/01	1 000	—	10 717	2 371	1 164	15 252
Dortmund	1./4. 1900/01	1 200	—	27 000	1 153		29 353
Dresden	*) 1900	18) 3 635	6 716	105 604	8 820	2 824	18) 127 599
Düsseldorf	1./4. 1900/01	.	—	40 550	2 000	3 652	9) 46 202
Duisburg	″	.	—	8 550	865	327	9) 9 742
Elberfeld	1./4. 1899/1900	1 000	842	24 612	1 829	1 243	29 526
Elbing	1./4. 1900/01	800	162	4 463	190	876	6 491
Erfurt	″	.	—	14 156	647	954	9) 15 757
Essen	″	1 000	—	20 650	600	176	22 426
Forst	″	.	—	5 990	—	130	9) 6 120
Frankfurt a. M.	″	13) .	98 258		20) 75 649		173 907
Frankfurt a. O.	″	.	—	8 885	177	1 307	9) 10 369
Freiberg i. S.	1900	600	—	15) 8 790	15) 366	15) 710	25) 10 466
Freiburg i. Br.	″	2) 1 364	6	3) 11 191	980	888	14 429
Fürth	*) 1900	.	—	3 880	99		9) 3 979
Gelsenkirchen	1./4. 1900/01	.	—	2 075	50	—	9) 2 125
Gera	1900	.	—	4) 4 120	5) 35	71	9) 4 226
Glauchau	1./4. 1900/01	.	—	2 178	432	—	9) 2 610
Görlitz	″	432	—	11 125	107	131	11 795
Göttingen	″	.	—	2 400	200	100	9) 2 700
Gotha	1900	500	—	7 400	400	30	8 330
Greifswald	1./4. 1900/01	600	—	6) 7 574	350		8 524
Guben	″	350	50	1 500	1 070	215	3 185
Hagen	″	500	—	8 620	481	192	9 793
Halberstadt	″	.	—	8 703	430	948	9) 10 081
Halle a. S.	″	1 565	165	37 773	2 760	2 694	44 957
Hamburg	″	27 345	3 115	202 761	17 790	13 809	264 820
Hamm	″	500	—	3 126	—	131	3 757
Hanau	″	2 554	—	10 609	1 069	710	14 942
Hannover	″	3 000	—	67 100	4 179	5 627	79 906
Heilbronn	1./4. 1899/1900	640	62	10 950	737	7) 16 978	29 367
Hildesheim	1./4. 1900/01	800	—	13 072	867	19) 1 797	16 536
Inowrazlaw	″	.	.	.	60	194	.

*) Nähere Angabe liegt nicht vor. — Die Anmerkungen befinden sich auf Seite 78.

waltungsausgaben.

Gemeinde	Rechnungsjahr	Aufwand für die Diensträume pp. ℳ	Aufwand für ehrenamtliche Organe ℳ	Besoldungen ℳ	Druckkosten pp. ℳ	Sonstige Verwaltungskosten ℳ	Summe ℳ
		1	2	3	4	5	6
Insterburg	1./4. 1900/01	1 000	—	2 595	150	106	3 851
Iserlohn	"	.	—	20) 3 000	403	138	3 541
Kaiserslautern	*) 1900	660	—	7 488	406	3 024	11 578
Karlsruhe	*) 1900	.	—	24 435	1 808	133	9) 26 376
Kattowitz	1./4. 1900/01	2 092	—	3 900	100	8) 1 180	7 272
Kiel	"	2 000	327	26 568	1 909	792	31 596
Königsberg i. Pr.	"	.	4 638	1 320	4 955	—	9) 10 913
Königshütte O.-Schl.	"	1 345	—	4 945	300	38	6 628
Krefeld	"	.	—	20 900	1 409	1 783	9) 24 092
Leipzig	1900	6 761	4 253	127 015	4 211	8 471	150 711
Liegnitz	1./4. 1900/01	.	.	.	.	424	.
Linden	"	3 000	—	24 500	2 500	3 200	33 200
Ludwigshafen a. Rh.	"	300	—	12 060	820	—	13 180
Lübeck	"	21) 1 638	—	10) 13 350	1 133	5 979	22 100
Magdeburg	"	6 000	15	48 533	1 793	3 036	59 377
Mainz	"	1 390	—	22 401	2 528	1 955	28 274
Malstatt-Burbach	"	.	—	1 800	300	.	9) 2 100
Mannheim	1900	3 944	1 708	24 701	6 404	922	37 679
Meiderich	1./4. 1900/01	.	—	3 913	—	178	9) 4 091
Metz	"	16) —	—	8 997	192	355	9 544
München	1900	4 226	1 321	41 584	8 494	1 829	57 454
München-Gladbach	1./4. 1900/01	600	—	16 700	1 349	48	18 697
Münster i. W.	1.4. 1899/1900	1 000	—	27 310	97	484	28 891
Neumünster	1./4. 1900/01	.	5 705		382	2 450	9) 8 537
Neunkirchen	"	.	.	.	.	.	12) 2 500
Nordhausen	"	.	—	4 550	175	230	9) 4 955
Nürnberg	*) 1900	1 653	150	18 847	1 711	402	22 763
Oberhausen	1./4. 1900/01	.	—	6 023	995	313	9) 7 331
Offenbach a. M.	"	17) 724	—	11 862	1 960		14 546
Oldenburg	"	500	210	1 200	615		2 525
Oppeln	"	.	—	1 500	30	19	9) 1 549
Pforzheim	1900	.	—	3 250	500	466	9) 4 216
Pirmasens	*) 1900	.	—	500	17	—	9) 517
Plauen i. V.	1900	800	—	8 840	682		10 322
Posen	1./4. 1900/01	.	.	.	.	.	.
Potsdam	"	.	.	.	.	.	.
Ratibor	"	400	100	3 880	400	457	5 237
Recklinghausen	"	120	—	4 168	240	55	4 583
Regensburg	*) 1900	800	—	10 154	1 511	192	12 657
Rheydt	1./4. 1900/01	.	—	3 600	250	180	9) 4 030
Rixdorf	"	3 000	—	12 215	4 000	—	19 215
Schweidnitz	"	450	—	4 232	289	313	5 284
Schwerin i. M.	*) 1900	284	16	7 499	1 894	1 910	11 603
Stargard i. P.	1./4. 1900/01	23) 1 112	—	23) 4 485	23) 62	23) 99	23) 5 758
Stolp i. P.	"	600	—	4 952	470	300	6 322
Straßburg i. E.	*) 1900	10 610	—	11) 73 529	4 585	317	89 041
Stuttgart	1./4. 1900/01	3 762	—	22) 46 661	4 000	2 838	22) 57 261
Weimar	*) 1900	200	—	1 126	103	29	1 458
Weißenfels	1./4. 1900/01	400	—	906	625	47	1 978
Wiesbaden	"	2 400	—	24) 19 454	12) 1 000	577	24) 23 431
Witten	"	.	—	7 090	253	313	9) 7 656
Worms	"	.	—	6 237	958	—	9) 7 195
Zeitz	"	.	.	.	.	44	.
Zittau	1900	.	—	5 097	120	—	9) 5 217

Tabelle IV *). **Verwaltungs- und Verpflegungsaufwand in eigenen Armen-**

Gemeinde	Siechen- und Armen-		
	Verpflegungs-aufwand ℳ	Verwaltungs-aufwand ℳ	Verpflegungs- u. Verwaltungs-aufwand ℳ
	1	2	3
Aachen	179 757	88 992	268 749
Altenessen	6 299	3 546	9 845
Altona	24 502	.	.
Aschersleben	7 089	.	.
Barmen	—	—	—
Berlin	.	.	.
Bernburg	3 494	152	3 646
Beuthen	—	—	—
Bonn	20 631	3 640	24 271
Brandenburg a. H.	14 665	5 763	20 428
Bremen	—	—	—
Breslau	232 667	[12]) 55 623	[12]) 288 290
Cassel	42 223	[9]) 19 551	61 774
Charlottenburg	24 784	14 533	39 317
Chemnitz	[1]) 15 208	[1]) 17 292	[1]) 32 500
Coblenz	-	—	—
Cöln	39 071	47 304	86 375
Colmar	.	.	.
Cottbus	4 723	3 417	8 140
Danzig	[3]) 34 587	[3]) 9 639	[3]) 44 226
Darmstadt	33 480	29 488	62 968
Dessau	—	—	—
Dortmund	.	.	18 070
Dresden	70 004	39 532	109 536
Düsseldorf	134 913	28 288	163 201
Duisburg	—	—	—
Elberfeld	45 507	35 141	80 648
Elbing	—	—	—
Erfurt	15 533	6 933	22 466
Essen	—	—	—
Forst	177	560	737
Frankfurt a. M.	39 851	.	.
Frankfurt a. O.	14 626	6 433	21 059
Freiberg i. S.	8 900	[15]) 9 545	[15]) 18 445
Freiburg i. Br.	—	—	—
Fürth	.	.	34 663
Gelsenkirchen	5 011	1 825	6 836
Gera	13 022	2 428	15 450
Glauchau	—	—	—
Görlitz	[5]) .	[5]) .	[5]) .
Göttingen	10 000	400	10 400
Gotha	.	.	28 233
Greifswald	—	—	—
Guben	11 772	4 323	16 095
Hagen	19 271	3 764	23 035
Halberstadt	—	—	—
Halle a. S.	29 804	28 534	58 338
Hamburg	367 523	481 940	849 463
Hamm	5 890	3 681	9 571
Hanau	—	—	—
Hannover	34 577	9 974	44 551
Heilbronn	13 334	.	.
Hildesheim	[11]) 28 351	[11]) 15 954	[11]) 44 305
Inowrazlaw	—	—	—

* Die Tabellen II und III folgen hinter den Anmerkungen.

und Versorgungsanstalten, Ermittelung des Nettoaufwands.

häuser		Arbeitshäuser				
Davon ab Ertrag des Anstaltsbetriebs ℳ	Bleibt Nettoaufwand ℳ	Verpflegungsaufwand ℳ	Verwaltungsaufwand ℳ	Verpfleg.- u. Verwalt.-Aufwand ℳ	Davon ab Ertrag d. Anstaltsbetriebs ℳ	Bleibt Nettoaufwand ℳ
4	5	6	7	8	9	10
—	268 749	—	—	—	—	—
294	9 551	—	—	—	—	—
1 106	.	13 059	.	.	340	.
.	.	—	—	—	—	—
—	—	—	—	—	—	—
.	.	.	.	.	.	.
—	3 646	—	—	—	—	—
—	—	—	—	—	—	—
—	24 271	—	—	—	—	—
6 328	14 100	—	—	—	—	—
—	—	—	—	—	—	—
7 974	[12] 280 316	61 849	92 852	154 701	132 834	21 867
5 816	55 958	—	—	—	—	—
—	39 317	—	—	—	—	—
[1] 21 760	[1] 10 740	[2] .	[2] .	[2] .	[2] .	[2] .
—	—	—	—	—	—	—
—	86 375	—	—	—	—	—
.	.	—	—	—	—	—
520	7 620	—	—	—	—	—
[3] 12 432	[3] 31 794	[2] .	[2] .	[2] .	[2] .	[2] .
8 314	54 654	—	—	—	—	—
—	—	—	—	—	—	—
867	17 203	—	—	—	—	—
6 563	102 973	84 537	92 695	177 232	93 426	83 806
—	163 201	—	—	—	—	—
—	—	10 346	1 415	11 761	3 859	7 902
5 823	74 825	—	—	—	—	—
—	—	—	—	—	—	—
2 090	20 376	—	—	—	—	—
—	—	—	—	—	—	—
—	737	—	—	—	—	—
.	.	—	—	—	—	—
—	21 059	—	—	—	—	—
3 642	[15] 14 803	—	—	—	—	—
—	—	—	—	—	—	—
[10] 9 077	25 586	—	—	—	—	—
—	6 836	—	—	—	—	—
2 213	13 237	—	—	—	—	—
—	—	—	—	—	—	—
[5] .	[5] .	—	—	—	—	—
—	10 400	.	.	.	.	3 450
17 915	10 318	—	—	—	—	—
—	—	6 434	13 199	19 633	3 573	16 060
—	16 095	—	—	—	—	—
2 428	20 607	—	—	—	—	—
—	—	—	—	—	—	—
1 535	56 803	—	—	—	—	—
373 467	475 996	—	—	—	—	—
740	8 831	—	—	—	—	—
—	—	—	—	—	—	—
2 898	41 653	—	—	—	—	—
.	.	.	.	[8] 9 933	8 369	[8] 1 564
1 396	[11] 42 909	—	—	—	—	—
—	—	—	—	—	—	—

Die Anmerkungen befinden sich auf S. 80.

Tabelle IV (Forts.). **Verwaltungs- und Verpflegungsaufwand in eigenen**

Gemeinde	Siechen- und Armen-		
	Verpflegungs-aufwand M	Verwaltungs-aufwand M	Verpflegungs- u. Verwaltungs-aufwand M
	1	2	3
Insterburg	2 121	1 015	3 136
Iserlohn	24 431	2 436	26 867
Kaiserslautern	12 792	2 175	14 967
Karlsruhe	11 189	2 116	13 305
Kattowitz	—	—	—
Kiel	.	.	[7]) 140 555
Königsberg i. Pr.	56 831	35 662	92 493
Königshütte O.-Schl.	—	—	—
Krefeld	13 348	1 444	14 792
Leipzig	131 816	[6]) 54 110	[6]) 185 926
Liegnitz	5 460	14 025	19 485
Linden	10 850	9 100	19 950
Ludwigshafen a. Rh.	—	—	—
Lübeck	9 226	9 156	18 382
Magdeburg	[3]) 36 051	[3]) 16 274	[3]) 52 325
Mainz	—	—	—
Malstatt-Burbach	—	—	—
Mannheim	—	—	—
Meiderich	—	—	—
Metz	85 500	18 200	103 700
München	233 272	107 719	340 991
München-Gladbach	—	—	—
Münster i. W.	56 011	6 480	62 491
Neumünster	12 470	.	.
Neunkirchen	—	—	—
Nordhausen	[3]) 15 332	[3]) 10 794	[3]) 26 126
Nürnberg	—	—	—
Oberhausen	—	—	—
Offenbach a. M.	22 231	19 131	41 362
Oldenburg	—	—	—
Oppeln	1 658	.	.
Pforzheim	—	—	—
Pirmasens	—	—	—
Plauen i. V.	[1]) 15 803	[1]) 11 653	[1]) 27 456
Posen	.	.	35 623
Potsdam	33 632	5 400	39 032
Ratibor	—	—	—
Recklinghausen	5 738	167	5 905
Regensburg	31 673	3 054	34 727
Rheydt	7 200	.	.
Rixdorf	4 325	.	.
Schweidnitz	5 163	.	.
Schwerin i. M.	8 808	5 267	14 075
Stargard i. P.	1 405	[4]) .	.
Stolp i. P.	[13]) .	[13]) .	[13]) .
Straßburg i. E.	115 932	.	.
Stuttgart	90 537	11 360	101 897
Weimar	—	—	—
Weißenfels	3 264	685	3 949
Wiesbaden	—	—	—
Witten	54	.	.
Worms	—	—	—
Zeitz	6 127	5 734	11 861
Zittau	[3]) 8 270	[3]) 5 133	[3]) 13 403

Die Anmerkungen befinden sich auf S. 80.

Armen- und Versorgungsanstalten, Ermittelung des Nettoaufwands.

häuser		Arbeitshäuser				
Davon ab Ertrag des Anstaltsbetriebs ℳ	Bleibt Nettoaufwand ℳ	Verpflegungsaufwand ℳ	Verwaltungsaufwand ℳ	Verpfleg.- u. Verwalt.-Aufwand ℳ	Davon ab Ertrag d. Anstaltsbetriebs ℳ	Bleibt Nettoaufwand ℳ
4	5	6	7	8	9	10
—	3 136	—	—	—	—	—
1 486	25 381	—	—	—	—	—
—	14 967	—	—	—	—	—
—	13 305	—	—	—	—	—
—	—	—	—	—	—	—
13 720	7) 126 835	—	—	—	—	—
18 206	74 287	—	—	—	—	—
—	—	—	—	—	—	—
8 631	6 161	—	—	—	—	—
2 688	6) 188 238	—	—	—	—	—
2 182	17 303	—	—	—	—	—
—	19 950	—	—	—	—	—
—	—	—	—	—	—	—
34	18 348	22 909	26 244	49 153	7 431	41 722
3) 17 731	3) 34 594	2) .	2) .	2) .	2) .	2) .
—	—	—	—	—	—	—
—	—	—	—	—	—	—
—	—	—	—	—	—	—
—	—	—	—	—	—	—
—	103 700	—	—	—	—	—
—	340 991	—	—	—	—	—
—	—	—	—	—	—	—
—	62 491	—	—	—	—	—
.	.	—	—	—	—	—
—	—	—	—	—	—	—
3) 3 913	3) 22 213	2) .	2) .	2) .	2) .	2) .
—	—	8 695	1 540	10 235	2 841	7 394
—	—	—	—	—	—	—
2 000	39 362	—	—	—	—	—
—	—	8 032	6 899	14 931	1 010	13 921
.	1 658	—	—	—	—	—
—	—	—	—	—	—	—
—	—	—	—	—	—	—
1) 7 733	1) 19 723	2) .	2) .	2) .	2) .	2) .
1 093	34 530	—	—	—	—	—
—	39 032	—	—	—	—	—
—	—	—	—	—	—	—
1 660	4 245	—	—	—	—	—
—	34 727	—	—	—	—	—
.	.	—	—	—	—	—
.	4 325	—	—	—	—	—
677	.	—	—	—	—	—
1 192	12 883	—	—	—	—	—
.	.	—	—	—	—	—
13) .	13) .	.	.	.	.	14) 7 567
1 722	.	—	—	—	—	—
—	101 897	16 534	11 255	27 789	2 3714	4 075
—	—	2 965	.	.	498	.
149	3 800	—	—	—	—	—
—	—	5 654	7 071	12 725	5 753	6 972
.	.	—	—	—	—	—
—	—	—	—	—	—	—
2 301	9 560	—	—	—	—	—
3) 2 945	3) 10 458	2) .	2) .	2) .	2) .	2) .

Tabelle V. Die Zahl der Verpflegten und Verpflegungstage

Gemeinde	Krankenhäuser					
	kommunale		sonstige		überhaupt	
	Zahl der		Zahl der		Zahl der	
	Verpflegten	Verpflegungstage	Verpflegten	Verpflegungstage	Verpflegten	Verpflegungstage
	1	2	3	4	5	6
Aachen	2 188	56 237	.	.	.	.
Altenessen	—	—	.	.	.	.
Altona	1 998	62 623	—	—	1 998	62 623
Aschersleben	.	.	.	.	.	.
Barmen	787	.	21	.	808	.
Berlin	.	.	19 516	539 603	.	.
Bernburg	—	—	138	8 057	138	8 057
Beuthen	151	9 240	—	—	151	9 240
Bonn	—	—	961	41 209	961	41 209
Brandenburg a. H.	.	.	.	.	.	.
Bremen	1 096	44 350	586	39 838	1 682	84 188
Breslau	4 246	171 493	624	19 172	4 870	190 665
Cassel	—	—	[2]) 858	[2]) 25 707	[2]) 858	[2]) 25 707
Charlottenburg	1 150	47 203	[3]) 69	[3]) 4 777	[3]) 1 219	[3]) 51 980
Chemnitz	1 335	97 065	.	.	.	.
Coblenz	[30]) 837	[30]) 59 996	142	10 091	979	70 087
Cöln	8 380	258 279	452	24 765	8 832	283 044
Colmar	656	28 382	.	.	.	.
Cottbus	204	5 020	—	—	204	5 020
Danzig	2 044	67 553	160	3 433	2 204	70 986
Darmstadt	764	22 861	—	—	764	22 861
Dessau	—	—	.	.	.	.
Dortmund	513	19 278	18	1 613	531	20 891
Dresden	1 344	24 405	388	12 096	1 732	36 501
Düsseldorf	1 317	27 110	1 347	52 983	2 664	80 093
Duisburg	—	—	643	25 628	643	25 628
Elberfeld	1 257	40 128	81	.	1 338	.
Elbing	192	6 785	18	700	210	7 485
Erfurt	430	25 236	88	2 753	518	27 989
Essen	—	—	1 741	86 617	1 741	86 617
Forst	.	.	.	.	.	.
Frankfurt a. M.	.	.	.	.	.	.
Frankfurt a. O.	.	.	—	—	.	.
Freiberg i. S.	142	4 261	9	617	151	4 878
Freiburg i. Br.	.	.	.	.	238	15 051
Fürth	113	3 140	36	652	149	3 792
Gelsenkirchen	—	—	.	.	.	.
Gera	.	.	—	—	.	.
Glauchau	52	1 663	—	—	52	1 663
Görlitz	.	.	.	.	.	.
Göttingen	159	8 936	.	.	.	.
Gotha	.	2 731	.	[13]) 4 436	257	[13]) 7 167
Greifswald	—	—	134	4 390	134	4 390
Guben	443	13 322	16	251	459	13 573
Hagen	—	—	573	29 468	573	29 468
Halberstadt	—	—	343	13 762	343	13 762
Halle a. S.	—	—	1 799	41 022	1 799	41 022
Hamburg	10 532	395 950	1 113	57 562	11 645	453 512
Hamm	135	8 554	22	3 168	157	11 722
Hanau	—	—	.	.	.	.
Hannover	1 881	58 581	479	14 592	2 360	73 173
Heilbronn	—	—	47	2 236	47	2 236
Hildesheim	489	17 300	—	—	489	17 300
Inowrazlaw	—	—	.	.	.	.
Insterburg	—	—	123	4 349	123	4 349

Die Anmerkungen befinden sich auf S. 80.

in Anstalten für Kranke und Gebrechliche.

Irrenanstalten	Anstalten für Gebrechliche						Siechen- und Armenhäuser	Arbeitshäuser	Obdachlosenhäuser		
	Zahl der Verpflegten								Ermittiertenhäuser		Nächtlich Obdach wurde ……
Zahl der Verpflegten	Epileptiker	Idioten	Blinde	Taubstumme	Krüppel	überhaupt	Zahl der Verpflegten		Zahl der Verpflegten	Zahl der Verpflegungstage	Personen gewährt
7	8	9	10	11	12	13	14	15	16	17	18
449	26	43	4	—	—	73	473	—	—	—	—
19	4	8	1	—	—	13	60	—	—	—	—
1) 373	.	.	.	—	—	.	31) 329	326	—	—	—
.	—	—	—	—	—	—	194	—	—	—	—
245	38	16	6	23	—	83	207	—	—	—	—
.	.	.	.	.	.	.	.	.	.	.	.
50	3	5	—	4	1	13	45	—	—	—	—
36	.	.	.	.	.	34	3	—	—	—	—
116	25	31	3	1	—	60	107	—	—	—	—
45	5	8	2	6	3	24	161	—	—	—	—
267	42	60	11	—	5	118	180	9	—	—	—
677	27	76	15	6	—	124	2044	303	—	—	20 667
123	24	19	1	—	—	44	558	—	—	—	—
4) 264	5) .	5) .	5) .	5) .	5) .	5) .	111	—	—	—	315
.	60	53	10	10	—	133	.	.	.	.	—
95	8	12	1	1	—	22	2	—	—	—	—
799	79	81	24	13	—	197	412	7	—	—	1 663
.	.	.	.	.	.	.	151	—	—	—	—
32	2	4	2	4	3	15	39	—	—	—	—
392	16	5	7	—	3	31	1291		—	—	—
8) —	5	—	—	—	2	7	151	—	—	—	—
.	.	.	.	.	.	.	.	—	—	—	—
96	19	32	2	14	—	67	72	—	—	—	.
9) 286	77	27	18	8	—	130	1975	703	—	—	—
214	29	44	6	13	—	92	1218	—	.	.	.
57	15	27	5	11	10) 25	83	—	58	—	—	—
11) 237	11) 29	11) 35	11) 3	11) 2	—	11) 69	12) 442	—	—	—	—
45	10	1	—	—	—	11	—	—	17	805	.
123	20	8	2	9	1	40	114	—	—	—	—
108	33	43	3	—	—	79	29	—	—	—	—
.	—	—	1	1	—	2	6	—	—	—	—
.	.	.	.	.	.	.	.	—	260	13 539	—
4) 66	.	.	.	.	.	5) .	100	—	—	—	—
13	11	13	3	1	—	28	128	—	—	—	—
42	.	14	1	4	.	.	129	5	—	—	—
35	.	.	.	.	.	8	119	—	—	—	112
53	—	—	—	—	—	—	.	—	—	—	—
.	.	.	.	.	.	.	.	—	—	—	—
38	—	2	1	2	—	5	142	—	—	—	49
.	—	—	—	—	—	—	.	—	—	—	—
.	.	.	.	.	.	.	34	87	.	.	.
21	—	14	2	5	—	14) 22	257	—	—	—	—
11	4	1	—	—	—	5	2	68	—	—	—
34	—	1	—	—	—	1	64	—	—	—	226
52	10	15	—	2	2	29	183	—	—	—	—
.	—	.	.	.	.	.	—	—	333	.	.
.	.	.	.	.	.	.	260	—	—	—	—
2054	108	258	60	55	2	483	1607	—	—	—	—
29	4	2	4	5	1	16	65	—	—	—	—
52	15		1	1	—	17	1	—	—	—	15) 1269
222	23	42	5	10	6	86	589	126	358	17 658	—
4	4	19	2	1	9	35	56	36	—	—	—
41	4	13	1	2	—	20	16) 509	—	—	—	—
24	—	—	—	—	—	—	—	—	—	—	—
10	7	1	2	—	—	10	60	—	—	—	—

Tabelle V (Fortf.). **Die Zahl der Verpflegten und Verpflegungstage**

Gemeinde	Krankenhäuser					
	kommunale		sonstige		überhaupt	
	Zahl der		Zahl der		Zahl der	
	Verpflegten	Verpflegungstage	Verpflegten	Verpflegungstage	Verpflegten	Verpflegungstage
	1	2	3	4	5	6
Iserlohn	—	—	256	13 558	256	13 558
Kaiserslautern	—	—	81	2 233	81	2 233
Karlsruhe	681	18 854	94	3 290	775	22 144
Kattowitz	301	5 516	125	3 237	426	8 753
Kiel	—	—	507	.	507	.
Königsberg i. Pr.	292	.	.	.	.	.
Königshütte	390	8 990	.	.	.	.
Krefeld	1 059	46 326	—	—	1 059	46 326
Leipzig	2 073	73 769	751	18 584	2 824	92 353
Liegnitz	.	.	.	.	.	.
Linden	—	—	760	23 006	760	23 006
Ludwigshafen	16	900	—	—	16	900
Lübeck	—	—	330	13 505	330	13 505
Magdeburg	.	.	.	.	.	.
Mainz	1 329	40 087	—	—	1 329	40 087
Malstatt-Burbach	—	—	81	3 727	81	3 727
Mannheim	.	.	.	.	.	.
Meiderich	—	—	136	.	136	.
Metz	.	.	—	—	.	.
München	3 031	99 509	—	—	3 031	99 509
München-Gladbach	—	—	488	25 838	488	25 838
Münster i. W.	549	27 205	197	17 960	746	45 165
Neumünster	40	.	.	.	.	.
Neunkirchen	—	—	.	.	.	
Nordhausen	108	5 806	—	—	108	5 806
Nürnberg	450	14 080	73	2 070	523	16 150
Oberhausen	—	—	209	.	209	.
Offenbach	578	83 259	—	—	578	83 259
Oldenburg	.	.	.	.	.	.
Oppeln	94	4 487	—	—	94	4 487
Pforzheim	314	9 621	—	—	314	9 621
Pirmasens	.	.	12	.	.	.
Plauen i. V.	426	16 170	2	268	428	16 438
Posen	[25]) 825	[25]) 23 478	6	298	831	23 776
Potsdam	514	21 462	—	—	514	21 462
Ratibor	149	9 589	—	—	149	9 589
Recklinghausen	.	.	.	3 762	.	.
Regensburg	.	.	.	.	.	.
Rheydt	.	9 200	—	—	.	9 200
Rixdorf	566	12 965	.	.	.	.
Schweidnitz	214	6 524	—	—	214	6 524
Schwerin	453	11 655	—	—	453	11 655
Stargard	42	1 332	—	—	42	1 332
Stolp	324	9 346	—	—	324	9 346
Straßburg i. E.	12 633	276 088	—	—	12 633	276 088
Stuttgart	1 181	54 805	260	9 618	1 441	64 423
Weimar	[25]) 41	[25]) 2 411	[25]) 22	[25]) 1 419	[25]) 63	[25]) 3 830
Weißenfels	19	993	17	695	36	1 688
Wiesbaden	1 293	34 331	88	3 607	1 381	37 938
Witten	—	—	145	5 622	145	5 622
Worms	376	9 674	9	574	385	10 248
Zeitz	60	2 446	21	.	81	.
Zittau		.	—	—		

Die Anmerkungen befinden sich auf S. 80.

in Anstalten für Kranke und Gebrechliche.

Irren-anstalten. Zahl der Verpflegten	Anstalten für Gebrechliche. Zahl der Verpflegten:						Siechen- und Armenhäuser	Arbeitshäuser	Obdachlosenhäuser: Exmittiertenhäuser. Zahl der		Nächtlich. Obdach wurde ... Person. gewährt
	Epileptiker	Idioten	Blinde	Taubstumme	Krüppel	überhaupt	Zahl der Verpflegten		Verpflegten	Verpfleg.-Tage	
7	8	9	10	11	12	13	14	15	16	17	18
19	23	27	—	4	—	54	99	—	—	—	3 593
19	—	—	1	1	—	2	45	—	—	—	—
91	8	10	3	4	1	[17]) 63	258	13	[18]) 99	1 542	[19]) .
29	—	—	—	—	—	—	—	—	—	—	—
143	10	20	2	1	1	34	2039	—	—	—	—
.	49	39	7	—	—	95	.	—	—	—	407
19	3	7	1	—	—	11	32	—	—	—	—
189	15	44	7	11	—	77	224	1	—	—	[20]) 2 026
1179	53	32	16	20	10	131	1052	—	[21]) 37 033	124 950	—
35	—	25	—	—	—	25	53	—	—	—	—
33	10	12	3	—	—	25	206	5	—	—	—
5	—	—	—	3	—	3	14	—	—	—	—
104	1	3	4	—	—	8	103	620	—	—	—
[27]) 288	[5]) .	[5]) .	13	23	—	.	660		765	.	22 752
[8]) —	[8]) —	[8]) —	[8]) —	[8]) —	[8]) —	[8]) —	252	57	—	—	—
20	6	4	2	1	—	13	11	—	—	—	—
.	—	—	—	—	—	—	.	.	.	.	.
16	6	4	1	—	—	11	—	—	—	—	—
—	—	—	—	—	—	—	247	—	—	—	—
377	166				11	177	1071	—	—	—	[24]) 3 517
62	20	21	6	1	—	48	175	—	—	—	—
86	13	11	2	1	4	31	240	—	—	—	—
27	2	—	—	—	—	2	387	—	—	—	—
19	6	7	—	—	—	13	—	—	—	—	.
27	12	4	1	3	—	20	102		—	—	—
172	90		10	2	[6]) .	[7]) 102	455	102	—	—	4 542
26	7	10	—	—	—	17	.	—	—	—	—
86	1	4	1	2	—	8	161	—	—	—	—
.	—	—	—	.	—	.	—	.	—	—	—
14	.	.	.	.	.	10	16	—	—	—	—
42	—	7	4	1	—	12	58	4	—	—	—
.	—	—	—	—	—	—	.	—	—	—	—
52	19	21	2	8	—	50	361 Personen				
[26]) 176	5	26	—	1	—	32	91	—	—	—	549
50	15	14	3	5	—	37	596	—	—	—	—
21	—	—	—	—	—	—	—	—	—	—	—
17	2	5	—	3	—	10	35	—	—	—	—
48	4	7	—	—	—	11	110	—	—	—	—
24	3	11	1	[28]) 5	—	20	30	—	—	—	—
61	14	12	—	4	1	31	125	—	—	—	—
38	—	—	—	—	—	—	96	—	82	1 640	—
43	1	11	—	5	—	17	562	—	—	—	—
—	—	—	1	—	—	1	38	—	—	—	—
11	5	11	2	2	—	20	[22]) 29	[23]) 108	—	—	—
112	1	32	30	12	—	75	620	—	[29]) .	.	.
92	26	38	16	1	8	89	584	96	33	109	11 261
[32]) .	—	—	—	4	—	4	5	78	—	—	—
21	8	6	1	2	—	17	24	—	35	.	—
66	8	18	—	4	—	30	60	273	—	—	-
24	11	10	—	—	—	21	38	1	—	—	—
—	2	—	1	5	—	8	64	—	—	—	—
—	—	—	—	—	—	—	74	—	—	—	—
27	2	2	1	1	3	9	54		—	—	—

Tabelle VI. Die Ausgaben für Kinderpflege.

Gemeinde	A. Vollständige Fürsorge: Aufwand in eigenen Anstalten ℳ	Zahlung an fremde Anstalten ℳ	Aufwand für in Familienpflege untergebrachte Kinder ℳ	Zusammen ℳ	B. Ergänzende Fürsorge: Aufwand für Unterbringung in Krippen, Bewahranstalten u. s. w. ℳ	Unterbringung in Kinderheilstätten u. s. w. ℳ	Schulspeisung ℳ	Schulbekleidung ℳ	Zusammen ℳ	Summe der Ausgaben für Kinderpflege ℳ	Außerdem Zuschüsse an Vereine u. s. w. für Kinderpflege ℳ
	1	2	3	4	5	6	7	8	9	10	11
Aachen	23 355	—	27 649	51 004	—	—	—	—	—	51 004	.
Altenessen	6 292	—	402	6 694	—	—	—	—	—	6 694	.
Altona	.	.	.	21 082	—	—	—	—	—	21 082	1 800
Aschersleben	—	—	—	—	—	—	—	—	—	—	.
Barmen	23 462	23 203	9 577	56 242	—	—	—	—	—	56 242	2 000
Berlin	10) 150 805	42 308	742 810	18) 935 923	.	.	.	.	.	.	.
Bernburg	—	1 302	5 172	6 474	1 000	—	—	—	1 000	7 474	.
Beuthen O.-Schl.	10) 11 373	468	1 473	18) 13 314	39	90	—	396	525	18) 13 839	310
Bonn	—	24 150	11 707	35 857	1 250	1 715	—	—	2 965	38 822	.
Brandenburg a. H.	—	—	3 800	3 800	621	770	—	—	1 391	5 191	600
Bremen	—	4 801	53 545	58 346	1 052	977	—	—	2 029	60 375	.
Breslau	9 940	25 576	57 476	92 992	—	2 420	1 000	—	3 420	96 412	.
Cassel	—	256	21 206	21 462	4 500	1 300	1 000 (Sp. 7 u. 8)		6 800	28 262	.
Charlottenburg	—	4 461	36 903	41 364	—	2 400	—	—	2 400	43 764	12 200
Chemnitz	62 170	3 238	—	65 408	—	—	—	—	—	65 408	9 700
Coblenz	—	11 779	3 209	14 988	—	—	—	—	—	14 988	.
Cöln	.	.	.	.	.	.	.	6 550	.	.	.
Colmar	.	.	.	.	.	.	.	.	.	.	.
Cottbus	—	96	7 760	7 856	—	—	—	—	—	7 856	.
Danzig	16 005	29 426	16 465	61 896	—	3 000	1 600	4 347	8 947	70 843	.
Darmstadt	—	3 293	11 576	14 869	—	4 202	—	—	4 202	19 071	.
Dessau	1 266	—	6 131	7 397	2 290	—	—	—	2 290	9 687	.
Dortmund	10) 13 483	9 067	20 020	18) 42 570	17 110	—	—	—	17 110	18) 59 680	.

Dresden	122 656	4 272	87 755	214 683	—	420	—	—	420	215 103	.
Düsseldorf	46 260	10 647	15 722	72 629	400	[1]) 18 903	2 501	4 065	25 869	98 498	.
Duisburg	21 567	10 668	[2]) .	[2]) 32 235	—	200	—	—	200	[2]) 32 435	.
Elberfeld	106 280	9 814	14 661	130 755	—	—	—	—	—	130 755	5 000
Elbing	—	—	15 223	15 223	—	—	—	—	—	15 223	530
Erfurt	—	9 234	9 568	18 802	—	—	—	—	—	18 802	2 779
Essen	12 979	20 764		33 743	—	570	—	—	570	34 313	.
Forst	—	7 843	2 053	9 896	—	90	—	—	90	9 986	1 700
Frankfurt a. M.	10 002	—	63 573	73 575	—	—	—	—	—	73 575	7 700
Frankfurt a. O.	36 122	—	14 409	50 531	—	90	—	—	90	50 621	3 800
Freiberg i. S.	[3]) 5 372	2 442	3 664	[3]) 11 478	593	—	—	[4]) 1 913	2 506	[3]) 13 984	230
Freiburg i. Br.	5 325	5 405	21 410	32 140	—	—	—	—	—	32 140	5 550
Fürth	—	13 038	3 000	16 038	—	100	—	—	100	16 138	.
Gelsenkirchen	—	6 223		6 223	—	—	—	—	—	6 223	.
Gera	9 104	—	[14]) 6 295	[14]) 15 399	1 237	—	1 170	2 350	4 757	[14]) 20 156	3 850
Glauchau	—	3 249	234	3 483	—	—	—	850	850	4 333	.
Görlitz	—	5 598	—	5 598	—	—	—	—	—	5 598	.
Göttingen	—	—	3 100	3 100	500	400	1 000	100	2 000	5 100	.
Gotha	—	[11]) 2 824	[5]) 4 310	[5]) 7 134	—	3 742	—	—	3 742	[5][11]) 10 876	3 715
Greifswald	—	726	8 931	9 657	—	—	—	—	—	9 657	.
Guben	3 486	1 351	4 050	8 887	465	286	—	—	751	9 638	100
Hagen	—	7 822	517	8 339	—	1 200	—	—	1 200	9 539	.
Halberstadt	450	—	5 245	5 695	—	2 931	—	—	2 931	8 626	.
Halle a. S.	12 223	4 247	28 415	44 885	728	2 594	4 830	—	8 152	53 037	10 834
Hamburg	340 508	12 745	395 587	748 840	7 780	15 909	10 745	64 180	98 614	847 454	.
Hamm	—	2 123	1 715	3 838	—	—	673	—	673	4 511	.
Hanau	—	—	8 254	8 254	359	300	—	—	659	8 913	100
Hannover	11 946	484	46 493	58 923	12 603	—	—	—	12 603	71 526	.
Heilbronn	3 490	5 197	4 318	13 005	—	—	1 075	—	1 075	14 080	2 289
Hildesheim	25 191	640	1 901	27 732	4 400	90	—	—	4 490	32 222	838
Inowrazlaw	—	—	—	—	—	—	—	—	—	—	400

Die Anmerkungen befinden sich auf S. 81.

Tabelle VI (Fortsetzung). Die Ausgaben für Kinderpflege.

Gemeinde	A. Vollständige Fürsorge: Aufwand in eigenen Anstalten M	A. Zahlung an fremde Anstalten M	A. Aufwand für in Familienpflege untergebrachte Kinder M	A. Zusammen M	B. Ergänzende Fürsorge: Aufwand für Unterbringung in Krippen, Bewahranstalten u. s. w. M	B. Unterbringung in Kinderheilstätten u. s. w. M	B. Schulspeisung M	B. Schulbekleidung M	B. Zusammen M	Summe der Ausgaben für Kinderpflege M	Außerdem Zuschüsse an Vereine u. s. w. für Kinderpflege M
	1	2	3	4	5	6	7	8	9	10	11
Insterburg	—	—	348	348	—	—	—	—	—	348	.
Iserlohn	6) 2 924	6 318	288	18) 9 530	—	189	—	—	189	18) 9 719	200
Kaiserslautern	—	658	3 859	4 517	14 099	—	—	1 198	15 297	19 814	.
Karlsruhe	—	18 913	29 827	48 740	145	850	710	—	1 705	50 445	171
Kattowitz	—	3 672	5 210	8 882	—	—	—	768	768	9 650	800
Kiel	—	1 214	24 410	25 624	—	—	—	—	—	25 624	1 500
Königsberg i. Pr.	13 067	18 046	2 019	33 132	8 260	—	—	300	8 560	41 692	.
Königshütte O.-Schl.	5 610	7 744	6 441	19 795	450	—	—	—	450	20 245	1 523
Krefeld	2 801	33 723	14 300	50 824	—	—	—	—	—	50 824	.
Leipzig	41 433	7 175	185 336	233 944	20 414	3840	—	7) 15 023	39 277	273 221	.
Liegnitz	.	538	1 577	.	—	—	—	—	—	.	1 272
Linden	—	768	21 835	22 603	360	150	—	—	510	23 113	280
Ludwigshafen a. Rh.	—	650	1 766	2 416	1 680	60	2073	499	4 312	6 728	4 595
Lübeck	—	546	11 267	11 813	125	—	1250	75	1 450	13 263	.
Magdeburg	13 774	499	27 458	41 731	1 207	7861	—	4 052	13 120	54 851	.
Mainz	—	2 906	6 289	9 195	—	—	2872	—	2 872	12 067	.
Malstatt-Burbach	—	710	7 927	8 637	—	—	—	—	—	8 637	.
Mannheim	—	20 895	19 851	40 746	—	3794	—	—	3 794	20) 44 540	.
Meiderich	—	4 489 (Sp. 2 und 3 zusammen)		4 489	—	—	—	—	—	4 489	30
Metz	.	.	.	.	200	7200	3000	—	10 400	.	.
München	—	87 601	39 459	127 060	—	—	9687	13) 22472	32 159	159 219	16 774
München-Gladbach	—	14 017	11 700	25 717	—	—	—	—	—	25 717	.

Münster i. W.	11 560	4 796	11 290	27 646	—	—	—	—	—	27 646	.
Neumünster	—	890	11 430	12 320	—	—	—	—	—	12 320	.
Neunkirchen	—	5 379	3 294	8 673	—	141	—	—	141	8 814	.
Nordhausen	12 962	1 433	690	15 085	—	—	—	—	—	15 085	3 250
Nürnberg	32 763	21 684	22 663	77 110	—	—	—	[16] —	[16] —	[16] 77 110	3 350
Oberhausen	—	[12] .	2 329	[12] 2 329	—	1000	1000	—	2 000	[12] 4 329	.
Offenbach a. M.	—	—	7 239	7 239	—	—	—	—	—	7 239	.
Oldenburg	—	—	6 190	6 190	—	288	—	—	288	6 478	.
Oppeln	—	7 950	—	7 950	289	—	—	472	761	8 711	.
Pforzheim	10 310	268	9 679	20 257	—	—	—	—	—	20 257	.
Pirmasens	—	4 141	2 150	6 291	—	—	—	—	—	6 291	.
Plauen i. V.	[15] .	3 828	7 832	[15] 11 660	—	—	—	—		[15] 11 660	[19] 2 000
Posen	12 475	811	26 654	39 940	900	1000	750	—	2 650	42 590	450
Potsdam	[10] 1 793	4 923	10 853	[18] 17 569	373	330	—	—	703	[18] 18 272	.
Ratibor	—	—	5 357	5 357	697	114	—	1 223	2 034	7 391	502
Recklinghausen	—	5 486	461	5 947	—	—	—	—	—	5 947	.
Regensburg	—	1 527	2 554	4 081	3 137	—	—	—	3 137	7 218	100
Rheydt	—	5 400	700	6 100	—	800	—	—	800	6 900	.
Rixdorf	4 095	—	16 391	20 486	—	—	—	—	—	20 486	.
Schweidnitz	—	3 753	4 513	8 266	—	—	—	—	—	8 266	900
Schwerin i. M.	—	1 803	11 410	13 213	802	37	—	—	839	14 052	200
Stargard i. P.	—	—	6 133	6 133	149	54	—	—	203	6 336	.
Stolp i. P.	—	1 277	4 872	6 149	—	—	—	—	—	6 149	3 469
Straßburg i. E.	95 136	[17] 7 049		102 185	1 500	6000	—	—	7 500	109 685	.
Stuttgart	—	12 638	13 173	25 811	804	120	—	[9] 1 660	2 584	[9] 28 395	7 140
Weimar	—	505	1 670	2 175	698	—	—	—	698	2 873	450
Weißenfels	—	—	3 409	3 409	1 045	541	—	186	1 772	5 181	300
Wiesbaden	—	20 312	6 832	27 144	5 931	—	1977	—	7 908	35 052	3 960
Witten	—	2 422	3 717	6 139	—	—	—	—	—	6 139	.
Worms	—	—	4 528	4 528	426	—	—	324	750	5 278	.
Zeitz	—	—	8 539	8 539	6 572	—	—	—	6 572	15 111	276
Zittau	—	2 104	1 911	4 015	—	—	28	[8] 76	104	4 119	1 970

Die Anmerkungen befinden sich auf S. 81.

Tabelle VII. Die Zahl der verpflegten Kinder (vollständige Fürsorge).

Gemeinde	Zahl der Verpflegten: in eigenen Anstalten	Zahl der Verpflegten: in fremden Anstalten	Zahl der Verpflegten: in Anstalten überhaupt	Zahl d. i. Familienpflege untergebrachten Kinder	Kostgeld für Kinder in Familienpflege
	1	2	3	4	5
Aachen	110	—	110	213	12.50—15 M monatlich
Altenessen	43	—	43	6	5, 6, 10 und 12 M monatlich
Altona	.	.	.	.	.
Aschersleben	—	—	—	—	—
Barmen	110	117	227	107	.
Berlin	529	320	849	4 050	.
Bernburg	—	21	21	78	25 M vierteljährlich
Beuthen	97	7	104	27	9 und 12 M monatlich
Bonn	—	220	220	87	0.40, 0.50 und 0.60 M täglich
Brandenburg a. H.	—	—	—	40	.
Bremen	—	47	47	461	12 und 15 M monatlich ausschl. Kleidung
Breslau	1 166	180	1 346	793	7.50, 9 und 12 M monatlich
Cassel	—	4	4	198	2 M wöchentlich
Charlottenburg	—	57	57	331	12, 15 und 18 M monatlich
Chemnitz	222	26	248	—	—
Coblenz	—	102	102	.	.
Cöln	.	.	.	.	.
Colmar	136	.	.	.	.
Cottbus	—	2	2	102	Durchschnittlich 2 M wöchentlich
Danzig	257	305	562	343	4 und 5—10 M monatlich in der Regel
Darmstadt	—	.	.	87	100 M für Landpflege und 150 M für Stadtpflege jährlich
Dessau	.	—	.	.	.
Dortmund	28	89	117	158	.
Dresden	798	39	837	691	10, 12 und 15 M monatlich
Düsseldorf	524	69	593	108	Durchschnittlich 176 M jährlich
Duisburg	99	56	155	36	3 M wöchentlich
Elberfeld	554	123	677	189	2—2.50 M wöchentlich Zuschuß
Elbing	—	—	—	161	ca. 6 M monatlich
Erfurt	—	152	152	92	0.40 M täglich, 2 M wöchentlich oder 10 M monatlich
Essen	.	.	.	.	0.45 M täglich
Forst	—	50	50	25	.
Frankfurt a. M.	.	—	.	.	.
Frankfurt a. O.	123	—	123	168	.
Freiberg i. S.	33	21	54	53	0.75, 1.00, 1.50, 1.80, 2.00 M wöchentl. od. 50, 60, 80, 100, 104, 120 M jährl.
Freiburg i. Br.	186	77	263	348	.
Fürth	—	108	108	13	2—4 M wöchentlich
Gelsenkirchen	—	.	.	.	.
Gera	.	—	.	67	Wird von Fall zu Fall festgesetzt
Glauchau	—	68	68	3	.
Görlitz	—	.	.	—	—
Göttingen	—	—	—	30	Durchschnittlich 103 M jährlich
Gotha	—	36	36	69	72 M jährlich
Greifswald	—	9	9	120	Durchschnittlich 90 M jährlich einschl. Bekleidung
Guben	30	22	52	54	Durchschnittlich 1.50 M wöchentlich
Hagen	—	64	64	11	2—3 und 5 M wöchentlich
Halberstadt	.	—	.	.	.
Halle a. S.	.	.	.	.	9—15 M monatlich
Hamburg	359	103	462	2 413	100, 120, 140, 160 und 200 M jährlich
Hamm	—	23	23	23	9 M monatlich in der Regel
Hanau	—	—	—	.	12—20 M monatlich
Hannover	168	40	208	777	4.25—15 M monatlich
Heilbronn	36	64	100	64	80—82 M jährlich
Hildesheim	85	9	94	54	60, 90 und 180 M jährlich
Inowrazlaw	—	—	—	—	—

sowie Kostgeld für in Familienpflege untergebrachte Kinder.

Gemeinde	Zahl der Verpflegten: in eigenen Anstalten	in fremden Anstalten	in Anstalten überhaupt	Zahl d. i. Familienpflege untergebrachten Kinder	Kostgeld für Kinder in Familienpflege
	1	2	3	4	5
Insterburg	—	—	—	58	6 ℳ monatlich
Iserlohn	62	72	134	2	12 ℳ monatlich
Kaiserslautern	—	7	7	55	Durchschnittlich 72 ℳ jährlich
Karlsruhe	—	138	138	419	30, 40, 50 60, 70, 100, 130 und 150 ℳ jährlich
Kattowitz	—	34	34	54	6, 9 und 10 ℳ monatlich
Kiel	—	17	17	322	9, 12, 15 und 18 ℳ monatlich
Königsberg i. Pr.	32	.	.	.	Unbestimmt
Königshütte O.-Schl.	21	77	98	78	10 ℳ monatlich
Krefeld	98	228	326	104	2.50–3.50 ℳ wöchentlich
Leipzig	478	61	539	2 126	120 ℳ jährlich als meistüblicher Satz
Liegnitz	—	.	.	.	.
Linden	—	23	23	280	52–180 ℳ jährlich
Ludwigshafen a. Rh.	—	10	10	19	.
Lübeck	—	14	14	152	6, 7.20, 10.50 und 12.60 ℳ monatlich
Magdeburg	280	7	287	309	5–12 ℳ monatlich
Mainz	—	79	79	80	100–125 ℳ für Landpflege und 150–180 ℳ für Stadtpflege jährlich
Malstatt-Burbach	—	6	6	78	Durchschnittlich 12 ℳ monatlich
Mannheim	—	.	.	.	.
Meiderich	—		54		.
Metz	.	.	.	.	.
München	—	614	614	499	120, 168, 180 und 200–250 ℳ jährlich
München-Gladbach	—	134	134	161	6–12 und 15 ℳ monatlich
Münster i. W.	30	50	80	90	0.21, 0.25, 0.30, 0.40 bezw. 0.45 ℳ täglich
Neumünster	—	3	3	102	2 ℳ und weniger, 2.50 und 3 ℳ wöchentlich
Neunkirchen	—	.	.	.	Meistens 180 ℳ jährlich
Nordhausen	43	28	71	11	Durchschnittlich 2 ℳ wöchentlich
Nürnberg	98	319	417	257	2.50–4 ℳ wöchentlich
Oberhausen	—	.	.	25	Durchschnittlich 12 ℳ monatlich
Offenbach a. M.	—	—	—	77	100–240 ℳ jährlich
Oldenburg	—	—	—	.	.
Oppeln	—	56	56	—	—
Pforzheim	37	3	40	89	50–182 ℳ jährlich
Pirmasens	—	30	30	18	.
Plauen i. V.	.	33	33	118	Durchschnittlich 2.25 ℳ wöchentlich
Posen	53	7	60	361	7.50–13.50 ℳ wöchentlich
Potsdam	63	49	112	146	.
Ratibor	—	—	—	63	0.30–0.40 ℳ täglich
Recklinghausen	—	.	.	4	6, 9, 12, 12.50 ℳ pp. monatlich
Regensburg	—	.	.	25	ca. 10 ℳ monatlich
Rheydt	—	36	36	5	Durchschnittlich 3 ℳ wöchentlich
Rixdorf	165	—	165	.	.
Schweidnitz	—	293	293	.	.
Schwerin i. M.	—	26	26	159	Durchschnittlich 96, 120 und 144 ℳ jährlich
Stargard i. P.	—	—	—	63	Durchschnittlich 7.50 ℳ monatlich
Stolp i. P.	—	14	14	.	Durchschnittlich 7 ℳ monatlich
Straßburg i. E.	200		115		.
Stuttgart	—	177	177	202	Durchschnittlich 90 ℳ jährlich
Weimar	—	10	10	27	90 ℳ jährlich in der Regel
Weißenfels	—	—	—	69	.
Wiesbaden	—	320	320	90	Durchschnittlich 189.80 ℳ jährlich
Witten	—	37	37	42	Durchschnittlich 10–15 ℳ monatlich
Worms	—	—	—	42	100 ℳ für Landpflege, 150 ℳ für Stadtpflege jährlich
Zeitz	—	—	—	101	Durchschnittlich 85 ℳ jährlich
Zittau	—	15	15	20	1.50–2.50 ℳ wöchentlich

(The figure 54 is bracketed across columns 2–4 for Mannheim and Meiderich; the figure 115 across columns 2–4 for Stolp i. P. and Straßburg i. E.)

Tabelle VIII. Gliederung der Ausgaben der

Gemeinde	Allgemeine Verwaltungsausgaben: überhaupt ℳ	darunter: für ehrenamtliche Organe ℳ	darunter: für Besoldungen ℳ
	1	2	3
Aachen	[1]) 79 162	289	46 243
Altenessen	8 264	—	5 075
Altona	[2]) 22 739	—	20 111
Aschersleben	[2]) 2 331	—	1 825
Barmen	[2]) 19 510	810	16 827
Berlin	.	91 168	.
Bernburg	5 681	—	3 600
Beuthen	.	.	.
Bonn	19 604	—	14 320
Brandenburg a. H.	[2]) 7 334	—	7 322
Bremen	[3]) 52 556	75	44 345
Breslau	174 347	1 245	158 667
Cassel	23 000	—	18 481
Charlottenburg	.	.	.
Chemnitz	[2]) 11 700	—	10 130
Coblenz	14 839	—	13 085
Cöln	104 440	2 193	70 319
Colmar	[2]) 10 332	—	8 558
Cottbus	[2]) 8 850	—	8 550
Danzig	68 558	1 349	57 719
Darmstadt	[2]) 20 772	—	19 846
Dessau	15 252	—	10 717
Dortmund	29 353	—	27 000
Dresden	[2]) 127 599	6 716	105 604
Düsseldorf	[2]) 46 202	—	40 550
Duisburg	[2]) 9 742	—	8 550
Elberfeld	29 526	842	24 612
Elbing	6 491	162	4 463
Erfurt	[2]) 15 757	—	14 156
Essen	22 426	—	20 650
Forst	[2]) 6 120	—	5 990
Frankfurt a. M.	173 907	98 258 (Sp. 2 und 3 zusammen)	
Frankfurt a. O.	[2]) 10 369	—	8 885
Freiberg i. S.	[4]) 10 466	—	[4]) 8 790
Freiburg i. Br.	14 429	6	[35]) 11 191
Fürth	[2]) 3 979	—	3 880
Gelsenkirchen	[2]) 2 125	—	2 075
Gera	[2]) 4 226	—	[6]) 4 120
Glauchau	[2]) 2 610	—	2 178
Görlitz	11 795	—	11 125
Göttingen	[2]) 2 700	—	2 400
Gotha	8 330	—	7 400
Greifswald	8 524	—	[36]) 7 574
Guben	3 185	50	1 500
Hagen	9 793	—	8 620
Halberstadt	[2]) 10 081	—	8 703
Halle a. S.	44 957	165	37 773
Hamburg	264 820	3 115	202 761
Hamm	3 757	—	3 126
Hanau	14 942	—	10 609
Hannover	79 906	—	67 100
Heilbronn	29 367	62	10 950
Hildesheim	16 536	—	13 072
Inowrazlaw	.	.	.

Die Anmerkungen befinden sich auf Seite 81.

Armenverwaltung nach Hauptgruppen.

Offene Armenpflege ℳ	Geschlossene Armenpflege ℳ	Kinderpflege ℳ	Zahlungen an auswärtige Armenverbände ℳ	Zuschüsse ℳ	Summe der Ausgaben ℳ
4	5	6	7	8	9
298 103	489 982	51 004	9 644	—	927 895
28 951	27 906	6 694	5 164	2 257	79 236
163 381	[17] 197 166	21 082	38 994	1 800	445 162
29 231	.	—	2 526	—	.
[18] 141 853	[19] 172 353	56 242	13 458	10 000	413 416
7 671 224	.	.	228 279	184 300	.
64 843	30 432	7 474	3 103	1 200	112 733
37 936	21 959	[20] 13 839	2 133	4 414	.
132 845	127 459	38 822	4 220	650	323 600
22 906	.	5 191	2 730	1 240	.
258 132	355 420	60 375	30 603	179	757 265
679 473	[21] 775 112	96 412	27 186	59 932	1 812 462
114 638	116 870	28 262	3 747	1 114	287 631
[23] 369 958	[22] 177 392	43 764	31 490	19 200	.
196 318	155 562	65 408	25 181	12 175	466 344
84 756	115 312	14 988	2 155	—	232 050
544 467	784 408	.	26 044	.	.
62 944	.	.	.	.	.
57 240	23 463	7 856	3 724	1 350	102 483
229 300	304 384	70 843	13 270	1 000	687 355
113 102	82 171	19 071	4 753	1 007	240 876
90 213	29 156	9 687	3 384	—	147 692
105 865	100 338	[20] 59 680	9 060	1 379	305 675
768 140	664 540	215 103	55 565	—	1 830 947
396 002	432 304	98 498	43 401	—	1 016 407
[24] 133 945	80 544	[25] 32 435	12 863	7 577	277 106
213 849	220 720	130 755	16 802	10 000	621 652
63 846	23 518	15 223	8 750	580	118 408
95 144	94 464	18 802	6 153	6 979	237 299
196 129	179 856	34 313	30 408	13 516	476 648
41 912	26 593	9 986	835	3 210	88 656
402 547	[17] 683 141	73 575	33 304	10 700	1 377 174
59 950	.	50 621	2 761	4 300	.
26 667	[5] 33 596	[5] 13 984	2 725	1 071	88 509
41 431	54 901	32 140	1 530	5 560	149 991
91 589	48 916	16 138	5 827	—	166 449
24 415	37 062	6 223	2 369	—	72 194
[27] 36 502	42 239	[26] 20 156	3 411	5 075	111 609
20 325	14 642	4 333	1 610	—	43 520
124 192	.	5 598	6 593	2 550	.
[28] 36 700	38 850	5 100	2 000	—	85 350
44 826	35 069	[29] 10 876	3 344	4 075	106 520
30 614	22 526	9 657	2 214	1 816	75 351
28 136	46 059	9 638	702	100	87 820
105 448	78 907	9 539	7 383	—	211 070
78 315	50 975	8 626	6 365	198	154 560
264 656	200 854	53 037	16 342	11 434	591 280
2 284 819	1 839 933	847 454	72 936	14 445	5 324 407
15 644	23 854	4 511	1 996	200	49 962
35 782	27 408	8 913	2 117	100	89 262
171 199	302 819	71 526	27 694	—	653 144
29 927	25 650	14 080	1 802	[7] 2 750	103 576
29 881	[30] 88 075	32 222	2 269	838	169 821
33 367	12 142	—	.	400	.

Tabelle VIII (Fortsetzung). **Gliederung der Ausgaben der**

Gemeinde	Allgemeine Verwaltungsausgaben überhaupt ℳ	darunter für ehrenamtliche Organe ℳ	darunter für Besoldungen ℳ
	1	2	3
Insterburg	3 851	—	2 595
Iserlohn	3 541	—	[8] 3 000
Kaiserslautern	11 578	—	7 488
Karlsruhe	[2] 26 376	—	24 435
Kattowitz	7 272	—	3 900
Kiel	31 596	327	26 568
Königsberg i. Pr.	[2] 10 913	4 638	1 320
Königshütte O.-Schl.	6 628	—	4 945
Krefeld	[2] 24 092	—	20 900
Leipzig	150 711	4 253	127 015
Liegnitz	.	.	.
Linden	33 200	—	24 500
Ludwigshafen a. Rh.	13 180	—	12 060
Lübeck	22 100	—	[10] 13 350
Magdeburg	59 377	15	48 533
Mainz	28 274	—	22 401
Malstatt-Burbach	[2] 2 100	—	1 800
Mannheim	37 679	1 708	24 701
Meiderich	[2] 4 091	—	3 913
Metz	9 544	—	8 997
München	57 454	1 321	41 584
München-Gladbach	18 697	—	16 700
Münster i. W.	28 891	—	27 310
Neumünster	[2] 8 537	5 705	
Neunkirchen	[12] 2 500	.	.
Nordhausen	[2] 4 955	—	4 550
Nürnberg	22 763	150	18 847
Oberhausen	[2] 7 331	—	6 023
Offenbach a. M.	14 546	—	11 862
Oldenburg	2 525	210	1 200
Oppeln	[2] 1 549	—	1 500
Pforzheim	[2] 4 216	—	3 250
Pirmasens	[2] 517	—	500
Plauen i. V.	10 322	—	8 840
Posen	.	.	.
Potsdam	.	.	.
Ratibor	5 237	100	3 880
Recklinghausen	4 583	—	4 168
Regensburg	12 657	—	10 154
Rheydt	[2] 4 030	—	3 600
Rixdorf	19 215	—	12 215
Schweidnitz	5 284	—	4 232
Schwerin i. M.	11 603	16	7 499
Stargard i. P.	[34] 5 758	—	[34] 4 485
Stolp i. P.	6 322	—	4 952
Straßburg i. E.	89 041	—	[37] 73 529
Stuttgart	[6] 57 261	—	[6] 46 661
Weimar	1 458	—	1 126
Weißenfels	1 978	—	906
Wiesbaden	[15] 23 431	—	[15] 19 454
Witten	[2] 7 656	—	7 090
Worms	[2] 7 195	—	6 237
Zeitz	.	.	.
Zittau	[2] 5 217	—	5 097

Die Anmerkungen befinden sich auf Seite 81.

Armenverwaltung nach Hauptgruppen.

Offene Armenpflege ℳ	Geschlossene Armenpflege ℳ	Kinderpflege ℳ	Zahlungen an auswärtige Armen-verbände ℳ	Zuschüsse ℳ	Summe der Ausgaben ℳ
4	5	6	7	8	9
26 129	7 275	348	3 997	—	41 600
34 492	[31] 56 323	[20] 9 719	1 958	294	106 327
28 380	22 738	19 814	1 405	100	84 015
97 540	117 789	50 445	3 752	171	[14] 296 073
34 397	11 493	9 650	1 664	1 855	66 331
183 394	180 206	25 624	9 439	1 500	431 759
292 294	.	41 692	10 436	4 833	.
46 845	22 733	20 245	1 417	1 763	99 631
242 541	144 973	50 824	24 325	3 000	489 755
775 485	522 377	273 221	40 166	[9] 9 557	1 771 517
47 463	30 555	.	598	4 222	.
83 909	65 946	23 113	4 074	830	211 072
59 044	4 419	6 728	1 039	4 595	89 005
47 076	110 937	13 263	2 962	—	196 338
300 907	.	54 851	17 449	1 700	.
92 477	129 278	12 067	6 868	—	268 964
29 159	8 996	8 637	1 978	—	50 870
159 025	96 204	[11] 44 540	7 789	6 978	352 215
42 661	18 960	4 489	3 317	342	73 860
70 229	.	.	.	.	.
703 885	653 278	159 219	5 984	80 504	1 660 324
108 784	82 741	25 717	14 067	—	250 006
113 376	130 704	27 646	6 890	—	307 507
46 262	[17] 17 810	12 320	405	—	85 334
37 999	6 798	8 814	9 254	1 200	66 565
39 710	37 527	15 085	3 586	3 550	104 413
[32] 467 494	242 844	[32] 77 110	.	3 560	813 771
71 984	[13] 44 916	[13] 4 329	9 211	3 139	140 910
77 952	88 776	7 239	5 535	—	[16] 196 619
10 764	29 015	6 478	—	150	48 932
31 861	[17] 17 961	8 711	1 447	1 400	62 929
44 900	45 898	20 257	1 430	—	116 701
25 435	5 984	6 291	—	—	38 227
35 623	[33] 58 807	[33] 11 660	2 873	4 770	124 055
206 980	149 123	42 590	6 697	2 240	.
80 476	92 052	[20] 18 272	5 782	990	.
43 939	13 739	7 391	2 295	693	73 294
36 800	14 201	5 947	2 018	—	63 549
80 040	.	7 218	1 931	120	.
54 250	[17] 20 650	6 900	6 000	—	91 830
84 151	[17] 90 904	20 486	30 062	—	244 818
19 616	[17] 13 652	8 266	6 636	1 710	55 164
63 648	49 631	14 052	2 355	200	141 489
22 000	[34] 3 644	6 336	2 180	219	40 137
51 447	30 869	6 149	2 900	5 129	102 816
306 922	[17] 752 253	109 685	460	14 489	1 272 850
169 174	255 776	28 395	120 243	17 749	648 598
10 486	9 112	2 873	1 304	4 175	29 408
24 910	16 146	5 181	1 962	621	50 798
114 982	108 933	35 052	7 337	13 003	302 738
28 608	[17] 23 992	6 139	2 809	—	69 204
54 353	40 783	5 278	1 062	939	109 610
28 449	13 675	15 111	1 942	1 276	.
26 403	.	4 119	3 711	3 046	.

Tabelle IX. Einnahmen

Gemeinde	Einnahmen aus eigenem Vermögen ℳ	Einnahmen aus Stiftungen 2c. ℳ	Zuschüsse der Staatskasse ℳ	Zuschüsse größ. korp. Verbände ℳ
	1	2	3	4
Aachen	262 409	7 180	—	—
Altenessen	737	—	—	8 214
Altona	—	4 576	—	—
Aschersleben	144	60	—	—
Barmen	—	14 487	—	—
Berlin	—	—	—	—
Bernburg	—	23 921	—	—
Beuthen	1 180	—	—	—
Bonn	36 628	11 794	—	—
Brandenburg a. H.	—	8 487	—	—
Bremen	—	9 213	—	—
Breslau	49 650	11 372	—	—
Cassel	671	27 132	—	—
Charlottenburg	—	—	—	—
Chemnitz	7 550	3 600	—	—
Coblenz	6 917	1 770	—	—
Cöln	453 040	940	—	4 032
Colmar	2 234	1 517	—	—
Cottbus	261	3 137	—	—
Danzig	38 498	15 875	—	—
Darmstadt	—	5 967	172	17 488
Dessau	2 926	140	—	—
Dortmund	70 269	478	—	—
Dresden	25 370	54 578	—	—
Düsseldorf	4 997	—	—	—
Duisburg	2 342	—	—	—
Elberfeld	22 900	969	—	—
Elbing	132	20 539	—	—
Erfurt	9 292	5 089	276	—
Essen	4 086	3 668	119	—
Forst	409	32	—	—
Frankfurt a. M.	—	284 315	—	1 057
Frankfurt a. O.	9 203	14 528	—	—
Freiberg i. S.	2 267	[2]) 7 023	—	—
Freiburg i. Br.	—	56 162	4 285	10 989
Fürth	2 491	806	200	1 763
Gelsenkirchen	—	—	—	—
Gera	810	5 227	—	—
Glauchau	1 458	—	—	—
Görlitz	2 761	2 204	—	—
Göttingen	3 600	1 400	—	—
Gotha	—	5 152	7 220	—
Greifswald	—	[1]) 3 220	—	—
Guben	7 234	1 669	—	—
Hagen	310	—	—	—
Halberstadt	19 085	685	—	1 648
Halle a. S.	1 752	24 408	—	17 550
Hamburg	—	—	—	—
Hamm	16 488	—	—	—
Hanau	—	18 932	—	2 245
Hannover	23 746	8 790	—	—
Heilbronn	63 440	929	—	—
Hildesheim	79 632	2 033	4 183	90
Inowrazlaw	—	11	—	—

Die Anmerkungen befinden sich auf S. 82.

der Armenverwaltung.

Erstattungen von Armenverbänden ℳ	Erstattungen von Krankenkassen 2c. ℳ	Erstattungen vom Unterstützten selbst 2c. ℳ	Erstattungen zusammen ℳ	Einnahmen aus Steuern, Strafgeldern, Gebühren 2c. ℳ	Sonstige Einnahmen ℳ	Summe von Spalte 1 bis Sp. 4 und Sp. 8 bis Sp. 10 ℳ	Städtischer Zuschuß ℳ	Gesamtbetrag der Einnahmen ℳ
5	6	7	8	9	10	11	12	13
.	.	.	15) 463 171	—	26 643	759 403	168 492	927 895
6 650	7 373	3 984	18 007	4) .	13) 1 306	28 264	50 972	79 236
99 063	8 540	33 177	140 780	—	1 261	146 617	298 545	445 162
2 946	14	778	3 738	93	327	4 362	.	.
39 371	5 503	33 121	77 995	23 953	7 155	123 590	289 826	413 416
640 123 (Sp. 5 und 6 zusammen)		11) 24 109	11) 664 232	6 326	43 492	714 050	.	.
11 219	2 487	411	14 117	38 629	524	77 191	35 542	112 733
821	2 103	2 999	5 923	16 152	62	23 317	.	.
51 569	3 298	14 268	69 135	12 334	2 508	132 399	191 201	323 600
1 500	569	5 473	7 542	5	62	16 096	.	.
104 079	21 957	23 195	149 231	—	—	158 444	598 821	757 265
26 784	21 305	33 368	81 457	74	14 454	157 007	1 655 455	1 812 462
25 645	7 735	4 261	37 641	252	—	65 696	221 935	287 631
87 032	5 591	10 489	103 112	2 771	—	105 883	.	.
58 380	420	3 350	62 150	180 300	—	253 600	212 744	466 344
11 155	1 191	3 731	16 077	166	13 609	38 539	193 511	232 050
131 139	184 171	100 004	415 314	—	85 121	958 447	.	.
6 386	224	—	6 610	10 581	7) 22 452	43 394	.	.
8 328	1 206	5 225	14 759	357	1 784	20 298	82 185	102 483
42 485	48 848	16 358	107 691	1 370	—	163 434	523 921	687 355
.	.	.	42 066	—	2 330	68 023	172 853	240 876
15 339	1 510	6 183	23 032	7 951	—	34 049	113 643	147 692
.	.	.	49 159	880	102	120 888	184 787	305 675
128 078	19 477	89 656	237 211	148 004	30 801	495 964	1 334 983	1 830 947
85 137	28 192	20 297	133 626	—	29 981	168 604	847 803	1 016 407
16 585	18 289 (Sp. 6 und 7 zusammen)		34 874	21 801	2 359	61 376	215 730	277 106
38 827	8 225	25 276	72 328	43 433	4 618	144 248	477 404	621 652
.	.	.	5 964	161	51	26 847	91 561	118 408
13 618	2 949	21 517	38 084	228	3 058	56 027	181 272	237 299
25 001	14 956	34 094	74 051	4) .	3) 5 426	87 350	389 298	476 648
3 807	1 199	3 418	8 424	161	90	9 116	79 540	88 656
.	.	.	234 299	—	12 909	532 580	844 594	1 377 174
53 910	10 022	8 760	72 692	8 590	5 132	110 145	.	.
10 205	1 532	8 212	19 949	9 971	850	40 060	48 449	88 509
659	3 265	3 587	7 511	—	—	78 947	71 044	149 991
3 424 (Sp. 5 und 6 zusammen)		1 003	4 427	436	412	10 535	155 914	166 449
.	.	.	26 046	—	—	26 046	46 148	72 194
11 639	7 987	5 317	24 943	692	892	32 564	79 045	111 609
4 024	1 342	2 667	8 033	10 553	77	20 121	23 399	43 520
21 981	3 038	11 127	36 146	1 486	347	42 944	.	.
.	.	.	12 000	9 000	700	26 700	58 650	85 350
9 404	276	826	10 506	—	5) 3 526	26 404	80 116	106 520
15 342	3 498 (Sp. 6 und 7 zusammen)		18 840	204	2 913	25 177	50 174	75 351
6 603	10 206	10 974	27 783	127	128	36 941	50 879	87 820
16 580	2 940	8 975	28 495	2 766	83	31 654	179 416	211 070
13 230	—	8 085	21 315	1 254	—	43 987	110 573	154 560
60 611	15 385	28 129	104 125	3 936	2 091	153 862	437 418	591 280
117 707	102 177	162 650	382 534	—	—	382 534	4 941 873	5 324 407
3 222	1 526	3 994	8 742	—	14) 4 591	29 821	20 140	49 961
7 603	2 200	4 823	14 626	640	222	36 665	52 597	89 262
42 208	14 922	38 693	95 823	769	22 323	151 451	501 693	653 144
8 407	415	5 411	14 233	13 607	1 722	93 931	9 645	103 576
15 479	5 338	5 940	26 757	304	9 894	122 893	46 928	169 821
.	.	.	915	15	142	1 083	.	.

Tabelle IX (Fortsetzung). **Einnahme**

Gemeinde	Einnahmen aus		Zuschüsse	
	eigenem Vermögen ℳ	Stiftungen ꝛc. ℳ	der Staatskasse ℳ	größ. korp. Verbände ℳ
	1	2	3	4
Insterburg	—	21	—	—
Iserlohn	2 958	—	—	—
Kaiserslautern	1 148	32 773	—	550
Karlsruhe	—	400	—	—
Kattowitz	—	1 430	—	—
Kiel	—	5 742	—	—
Königsberg i. Pr.	20 938	—	—	—
Königshütte O.-Schl.	—	177	—	—
Krefeld	—	6 788	—	—
Leipzig	3 466	212 532	—	—
Liegnitz	3 813	22 811	—	—
Linden	—	—	—	—
Ludwigshafen a. Rh.	785	—	—	1 200
Lübeck	94 534	4 310	—	—
Magdeburg	12 882	95 908	—	2 065
Mainz	15 586	1 788	—	—
Malstatt-Burbach	—	—	—	3 326
Mannheim	—	1 700	—	28 637
Meiderich	—	—	—	5 173
Metz	28 284 (1 und 2 zusammen)		—	—
München	115 716	39 884	2 914	—
München-Gladbach	478	—	—	—
Münster i. W.	172 657	—	—	—
Neumünster	—	—	—	—
Neunkirchen	—	—	—	—
Nordhausen	3 027	34 850	—	—
Nürnberg	3 046	70 203	300	—
Oberhausen	—	1 267	—	—
Offenbach a. M.	312	2 230	—	2 714
Oldenburg	1 753	—	—	—
Oppeln	464	13	—	—
Pforzheim	—	4 018	7 997	—
Pirmasens	.	.	.	.
Plauen i. V.	—	783	—	—
Posen	7 883	—	—	—
Potsdam	.	.	.	.
Ratibor	76	2 845	—	—
Recklinghausen	2 048	88	—	—
Regensburg	2 598	7 646	—	—
Rheydt	823	—	—	—
Rixdorf	—	100	—	—
Schweidnitz	905	2 147	—	—
Schwerin i. M.	4 439	—	—	—
Stargard i. P.	1 178	—	—	4 530
Stolp i. P.	634	2 744	—	—
Straßburg i. E.	626 908	3 077	53 082	8 510
Stuttgart	52 197	4 258	7 914	—
Weimar	1 263	1 069	50	—
Weißenfels	813	4 061	—	12 100
Wiesbaden	4 778	14 602	—	—
Witten	—	350	—	—
Worms	—	737	—	—
Zeitz	30	2 046	—	—
Zittau	907	10 209	—	—

Die Anmerkungen befinden sich auf S. 82.

der Armenverwaltung.

Erstattungen: von Armenverbänden ℳ	Erstattungen: von Krankenkassen 2c. ℳ	Erstattungen: vom Unterstützten selbst 2c. ℳ	Erstattungen: zusammen ℳ	Einnahmen aus Steuern, Strafgeldern, Gebühren 2c. ℳ	Sonstige Einnahmen ℳ	Summe von Spalte 1 bis Sp. 4 und Sp. 8 bis Sp. 10 ℳ	Städtischer Zuschuß ℳ	Gesamtbetrag der Einnahmen ℳ
5	6	7	8	9	10	11	12	13
1 541	942	1 031	3 514	58	—	3 593	38 007	41 600
.	.	.	12 493	372	691	16 514	89 813	106 327
3 188	3 538	1 569	8 295	2 039	3 120	47 925	36 090	84 015
68 497		10 958	79 455	—	480	80 335	215 738	296 073
2 002	166	1 040	3 208	[6] 1 229	138	6 005	60 326	66 331
55 721	8 937	11 066	75 724	—	23 908	105 374	326 385	431 759
1 864	3 103	2 637	7 604	353	2	28 897	.	.
11 279	3 608	1 802	16 689	329	—	17 195	82 436	99 631
11 728	23 510		35 238	—	923	42 949	446 806	489 755
169 036	128 127		297 163	296 816	16 713	826 690	944 827	1 771 517
.	.	.	4 190	232	—	31 046	.	.
40 449	5 076	15 793	61 318	248	2 751	64 317	146 755	211 072
36 228	1 344	1 471	39 043	1 825	1 086	43 939	45 066	89 005
54 574	5 517	7 858	67 949	275	6 270	173 338	[16] 23 000	196 338
59 685	29 166		88 851	5 487	4 663	209 856	.	.
28 207	9 802	7 145	45 154	—	49 525	112 053	156 911	268 964
10 654	2 635	3 107	16 396	8 047	—	27 769	23 101	50 870
.	.	.	20 581	—	3 928	54 846	297 369	352 215
9 580	740	4 709	15 029	3 436	—	23 638	50 222	73 860
14 904	—	—	14 904	25 592	—	68 780	.	.
[8]17 562	—	[9] 75 894	93 456	56 653	56 730	365 353	1 294 971	1 660 324
24 200	4 712	7 284	36 196	—	97	36 771	213 235	250 006
27 179	10 881	4 432	42 492	—	—	215 149	92 358	307 507
20 930	1 972	4 385	27 287	50 000	—	77 287	8 047	85 334
4 719	1 917	2 206	8 842	—	—	8 842	57 723	66 565
1 275	—	4 561	5 836	1	1 655	45 369	59 044	104 413
53 011	2 734	25 956	81 701	6 166	17 739	179 155	634 616	813 771
26 357	3 547	7 436	37 340	9 021	665	48 293	92 617	140 910
16 358	4 864	6 604	27 826	—	500	33 582	163 037	196 619
5 605		1 492	7 097	28 326	1 861	39 037	9 895	48 932
348	266	381	995	3 802	195	5 469	57 460	62 929
16 401	7 200	9 194	32 795	—	267	45 077	71 624	116 701
.	.	.	.	.	.	.	.	.
.	.	.	35 793	79 951	14	116 541	7 514	124 055
26 109	3 896	8 127	38 132	126	[12]) 8 874	55 015	.	.
.	.	.	.	.	.	.	.	.
6 871	720	903	8 494	25	1 669	13 109	60 185	73 294
17 863	3 014	1 785	22 662	266	—	25 064	38 485	63 549
924	1 829	3 308	6 061	4 452	1 411	22 168	.	.
10 000	—	3 950	13 950	1 000	—	15 773	76 057	91 830
32 578	16 776	11 782	61 136	159	—	61 395	183 423	244 818
5 147	6 615	634	12 396	567	688	16 703	38 461	55 164
5 824	31	3 954	9 809	152 740	411	167 399	—	[17] 167 399
4 199	—	2 225	6 424	—	312	12 444	27 693	40 137
5 655	304	1 517	7 476	272	201	11 327	91 489	102 816
[8]83 532	[10] 239 980		323 512	45 344	62 011	1 122 444	150 406	1 272 850
62 168	15 363	25 050	102 581	67 164	879	234 993	413 605	648 598
1 615	63	1 235	2 913	3 565	590	9 450	19 958	29 408
4 369	107	2 512	6 988	11 303	642	35 907	14 891	50 798
31 459	6 868	17 601	55 928	—	5 998	81 306	221 432	302 738
11 081		5 853	16 934	—	607	17 891	51 313	69 204
9 941	3 942	4 312	18 195	82	7 081	26 095	83 515	109 610
6 408	—	2 497	8 905	74	810	11 865	.	.
6 757	1 805	1 932	10 494	17 237	155	39 002	.	.

Anmerkungen zu den Tabellen.

Zu Tabelle I und A.

[1]) Einschließlich der Kosten für die Verwaltung der Suppenanstalt und der in ländlicher Verpflegung befindlichen Personen. — [2]) Ausschließlich der von der Stadtkasse bestrittenen Heizungskosten. — [3]) Ausschließlich des Anteils am Gehalt des Vorsitzenden des Armenrats und des Rechnungsrevisors. — [4]) Ausschließlich der Besoldung des Dezernenten. — [5]) Weitere Aufwendungen an Druckkosten zc. werden durch die allgemeine Verwaltung gedeckt. — [6]) Einschließlich 2000 Mk. Anteil an der Besoldung des Dezernenten. — [7]) Darunter für Steuern, Gebäudeunterhaltung zc. 16412 Mk. — [8]) Ausgaben für Unterhaltung von Utensilien, Wäsche, sowie für außergewöhnliche Bedürfnisse. — [9]) Ausschließlich des Aufwandes für die Diensträume, als Miete, Heizung zc. — [10]) Einschließlich 400 Mk. festgesetzter Mietswert der Dienstwohnung für einen Beamten, außerdem 2784 Mk. für Pensionen. — [11]) Ausschließlich 19718 Mk. für Pensionen. — [12]) Geschätzter Betrag. — [13]) In Spalte 4 und 5 mitenthalten. — [14]) Außerdem 55554 Mk. Zinsen für Kaufgelder, Baukosten zc. — [15]) Einschließlich des Aufwands für das Armen- und Waisenhaus. — [16]) Die Kosten werden von den Beamten der Armenverwaltung getragen. — [17]) Darunter 284 Mk. Steuern, Abgaben, Gerichtskosten. — [18]) Ohne Miete für die Diensträume. — [19]) Einschließlich Zinsen von Vermögensschulden. — [20]) Einschließlich des Anfwands für die Diensträume. — [21]) Ein Teil der Verwaltungskosten ist beim Verwaltungsaufwand des Armen- und Arbeitshauses nachgewiesen. — [22]) Ohne den Anteil des Dezernenten. — [23]) Einschließlich des Verwaltungsaufwands der bei Siechen- und Armenhäusern aufgeführten Anstalten. — [24]) Einschließlich der Besoldungen für Kindergärtnerinnen, die im städtischen Volkskindergarten beschäftigt sind. — [25]) Vergl. Ziffer [15]).

Zu Tabelle II und D.

[1]) Einschließlich Entbindungskosten. — [2]) Darunter 24 Mk. Honorar an einen Spezialarzt. — [3]) Remuneration für ambulatorische Behandlung armer Kranker durch die Ärzte der Universitätsklinik. — [4]) Für Suppe, Fleisch und Eier. — [5]) Einschließlich Wein und Stärkungsmittel. — [6]) Mittagskost. — [7]) Einschließlich Milch. — [8]) Bei geschlossener Armenpflege verrechnet. — [9]) Darunter 189 Mk. für spezialärztliche Behandlung. — [10]) Milch ist in Spalte 19 verrechnet. — [11]) Darunter 661 Mk. für spezialärztliche Behandlung. — [12]) Darunter 1059 Mk. für erste ärztliche Hilfeleistung und Untersuchung von Obdachlosen und Fremden. — [13]) Darunter 89 Mk. für „sonstige Ausgaben". — [14]) Einschließlich Remuneration der Armenhebammen. — [15]) In Spalte 4 mitverrechnet. — [16]) In Spalte 6 bezw. bei geschlossener Armenpflege verrechnet. — [17]) Darunter 347 Mk. Pflegegeld für 3 in Familienpflege untergebrachte Erwachsene. — [18]) Auch für Fleisch. — [19]) Ohne die Beerdigungskosten der im Krankenhaus verstorbenen Personen, welche bei geschlossener Armenpflege verrechnet sind. — [20]) Außerdem sind noch andere Ärzte remuneriert. — [21]) Einschließlich der Gebühren eines Heilgehilfen. — [22]) Freie Ärztewahl mit Einzelliquidation. — [23]) Außerdem noch 26 nicht festbesoldete Ärzte. — [24]) Etatsmäßiger Ausgabenüberschuß der Armenbrotbäckerei. — [25]) Etatsmäßiger

Ausgabenüberschuß der Bekleidungsanstalt. — [26]) Darunter 35 Mk. für Spezialärzte. — [27]) Darunter 26 Mk. für Beleuchtung. — [28]) Darunter 178 Mk. für Spezialärzte. — [29]) Darunter 1882 Mk. für augenärztliche Behandlung. — [30]) 1 Augenarzt erhielt 20 Mk. — [31]) Durch Zahlung an den Frauenverein. — [32]) Darunter 203 Mk. für Verpflegung im Wöchnerinnenheim und 442 Mk. für Verpflegung in der Hebammenlehranstalt. — [33]) Einschließlich der Mietsunterstützungen für dauernd Unterstützte, sowie der Remuneration der Armenhebammen. — [34]) Ausschließlich der Mietsunterstützungen für dauernd Unterstützte, welche in Spalte 4 verrechnet sind. — [35]) Für Mietsunterstützungen ist ein Betrag von 3416 Mk. in Ansatz gebracht, der aber anscheinend auch zu einem Teil laufende Unterstützungen enthält. — [36]) Die Remunerationen für Hebammen sind anscheinend bei denen für Ärzte mitverrechnet. — [37]) Darunter 300 Mk. für 2 Augenärzte. — [38]) Ohne den Mietswert der 12 Armenwohnungen. — [39]) Darunter 26465 Mk. Aufwand für in Familienpflege untergebrachte 142 erwachsene Personen. — [40]) Darunter 2440 Mk. Verwaltungsaufwand der Verpflegung nicht gewährenden Armenkolonie und Obdachlosenanstalt. — [41]) Darunter 11471 Mk. Pauschquantum an die Königliche Universitäts-Poliklinik, durch welche die offene Krankenpflege ausgeübt wird. — [42]) Nur für die am 1. April 1900 eingemeindeten Vororte, vergl. Anm. [41]). — [43]) Ärzte der Poliklinik. — [44]) Einschließlich für 1 Apotheker. — [45]) Darunter 1206 Mk. Kleiderbeihilfe für Konfirmanden bezw. Kommunikanten. — [46]) Darunter 2466 Mk. für in Familienpflege untergebrachte Personen. — [47]) Der geringe Betrag erklärt sich daher, daß Armenleichen an die Anatomie der Universität Tübingen abzuführen sind. — [48]) Darunter 8389 Mk. für Verpflegung von erwerbsunfähigen Personen in Familien. — [49]) Darunter 800 Mk. für Leichenschau (pro Arzt 200 Mk.) — [50]) Darunter 9243 Mk. an Stiftungsleistungen und Geschenken. — [51]) Darunter 4137 Mk. ohne nähere Angabe. — [52]) Darunter 4236 Mk. an verteilten Geschenken. — [53]) Darunter 4500 Mk. für kirchliche Gemeindepflege. — [54]) Einschließlich Verwaltungsaufwand des Verpflegung nicht gewährenden Armenhauses, sowie Obdachlosenasyls im Betrage von 1262 bezw. 1151 Mk. — [55]) Einschließlich der Ausgaben für 36 in Familienpflege untergebrachte Kinder. — [56]) Darunter 28471 Mk. für Suppenanstalten einschl. Verwaltungsaufwand. — [57]) Einschließlich Schulbekleidung. — [58]) Einschließlich 839 Mk. für sonstige Ausgaben. — [59]) Nur für Kohlen und Briketts; Holz und Torf wird unentgeltlich aus fürstlicher Forst bezw. Moor geliefert. — [60]) Ausschließlich des Werts der als Geschenk überwiesenen 30000 Preßsteine und 300 Zentner Briketts. — [61]) Einschließlich 1866 Mk. für in Familienpflege untergebrachte Personen. — [62]) Verwaltungskosten des Verpflegung nicht gewährenden Obdachlosenhauses. — [63]) Einschließlich Verwaltungsaufwand für das Verpflegung nicht gewährende Familien-Armenhaus. — [64]) Die Kosten für Aufenthalt in Bädern, Trinkerasylen 2c. sind bei der geschlossenen Armenpflege verrechnet.

Zu Tabelle III und E.

[1]) Hier sind nur Kleider- und Wäschekosten aufgeführt, die Verpflegungskosten werden durch Arbeitsleistung der Pfleglinge gedeckt. — [2]) Darunter 253 Mk. für Bekleidungskosten und 3764 Mk. aus Vorjahren, sowie Überweisungen aus Beiträgen und Renten an den Landarmenverband. — [3]) Einschließlich Siechenhauspflege. — [4]) Nur Armenhaus vergl. Ziffer [3]) (ohne Verwaltungsaufwand). — [5]) Versorgungsanstalt (ohne Verwaltungsaufwand). — [6]) Ausschließlich nicht persönlicher Verwaltungsausgaben. — [7]) Ohne Berücksichtigung des Gebäudewerts des Armenhauses. — [8]) Für 395 an 13154 Tagen im Landkrankenhause kostenlos verpflegte Personen sind nach dem Einheitssatze von 1 Mk. pro Tag 13154 Mk. angerechnet. — [9]) Einschließlich Irrenpflege. — [10]) In Spalte 1 mitenthalten. — [11]) Einschließlich Arbeits- und Obdachlosenhaus. — [12]) In Spalte 13 mitenthalten. — [13]) Vergl. Ziffer [12]). — [14]) Vom Landarmenverband übernommen. — [15]) Einschließlich. Sieche 2c. — [16]) Ausschließlich der Kosten für in kommunalen Anstalten untergebrachte 32 Idioten, 9 Epileptiker, 4 Blinde, 4 Taubstumme, zusammen 49 Gebrechliche (Spalte 13). — [17]) Einschließlich der Kosten für 61 hier untergebrachte Gebrechliche (einschl. 12 Geisteskranke). — [18]) Einschließlich der Kosten für Aufenthalt in

Lungenheilstätten, Trinkerasylen ꝛc. — [19]) Einschließlich Fürsorge für Gebrechliche. — [20]) In Spalte 5 mitenthalten. — [21]) Ohne Verwaltungsaufwand, welcher bei den allgemeinen Verwaltungsausgaben verrechnet ist. — [22]) Die Kosten für die in der Kreispflegeanstalt untergebrachten Gebrechlichen sind unbekannt und daher hier nicht verrechnet. — [23]) Die Angaben beziehen sich nur auf Kinder; die erwachsenen Gebrechlichen werden meist in Versorgungs- oder Siechenanstalten untergebracht. — [24]) In Spalte 4 mitenthalten. — [25]) Das Krankenhaus war bis zum 31. März 1900 städtisch, vom 1. April 1900 ab staatlich. — [26]) Darunter 27 Mk. für 1 erwachsenen Verwahrlosten. — [27]) Für Transport- und Ausrüstungskosten. — [28]) Ohne Verwaltungsaufwand der eigenen Armen- und Versorgungsanstalten. — [29]) Einschließlich Fürsorge für Epileptiker und Idioten. — [30]) Einschließlich Arbeitshaus. — [31]) Kleidergelder für 1 Blinden bezw. 5 Taubstumme. — [32]) Darunter 4000 Mk. Pauschquantum an das Krankenhaus für die Behandlung ortsarmer Kranken. — [33]) Außerdem sind noch 557 Mk. sonstige Ausgaben für Irre und Gebrechliche vorhanden. — [34]) Unter Krankenhauspflege verrechnet. — [35]) Nur Siechenhaus; das Armenhaus ist mit dem Arbeitshaus verbunden. — [36]) Armen- und Arbeitsanstalt. — [37]) Darunter 4958 Mk. für sonstige Gebrechliche. — [38]) Der Aufwand für in kommunalen Krankenanstalten Verpflegte ist in Spalte 13 mitenthalten. — [39]) Armen- und Krankenhaus. — [40]) Einschließlich der gesamten Kosten des Wöchnerinnenasyls (2981 Mk.). — [41]) Kleidergelder für 3 Blinde. — [42]) Darunter 4277 Mk. für sonstige Gebrechliche. — [43]) Nach Abzug der Ersatzleistungen. — [44]) Einschließlich 596 Mk. Zuschuß der Armenverwaltung an Wenigerverdienst von 5 Insassen. — [45]) Einschließlich der Hospitäler. — [46]) Ausgabeüberschuß einschl. Irrenpflege, jedoch bei Nichtberücksichtigung des Aufwands für Verzinsung und Tilgung der Bauschuld. — [47]) Vergl. Anmerkung [10]). — [48]) Die heilbaren Kranken erhalten auf die Dauer von 3 Monaten Freistellen in der Provinzialirrenanstalt. — [49]) Teils nur Kleidergelder, teils nur Pflegekostenbeiträge. — [50]) Einschließlich der Kosten für Idioten. — [51]) In Spalte 5 mitgerechnet. — [52]) Berechnet auf Grund des Einheitssatzes von 1 Mk. 80 Pf. — [53]) Einschließlich 3459 Mk. für die Verpflegungsstation. — [54]) Nach Abzug von 81971 Mk. Verwaltungsaufwand für das Irrensiechenhaus. — [55]) Nach Abzug der Einnahmen des Armenhauses im Betrage von 13656 Mk. — [56]) Vergl. Ziffer [17]). — [57]) Beitrag der Stadt und des Spitals. — [58]) Ohne Verwaltungsaufwand der städtischen Armen- und Versorgungsanstalt. — [59]) Einschließlich des Verwaltungsaufwands der Anstalt für Kinderpflege. — [60]) Einschließlich der Ausgaben für die in fremden Anstalten verpflegten Kinder. — [61]) Bei den Verwaltungsausgaben des Armenhauses, sowie des Waisenhauses ist nur der Aufwand für Gebäude einschl. Inventar eingesetzt, die übrigen Verwaltungsausgaben sind bei den allgemeinen Verwaltungsausgaben verrechnet.

Zu Tabelle IV.

[1]) Einschließlich Arbeits- und Obdachlosenhaus. — [2]) In Spalte 1—5 mitverrechnet. — [3]) Einschließlich Arbeitshaus. — [4]) Bei allgemeinen Verwaltungsausgaben der Armenverwaltung verrechnet. — [5]) Bei Irrenanstalten verrechnet. — [6]) Nach Abzug von 81971 Mk. Verwaltungsaufwand für das Irrensiechenhaus. — [7]) Armen- und Krankenhaus. — [8]) Einschließlich 596 Mk. Zuschuß der Armenverwaltung an Wenigerverdienst der Insassen. — [9]) Darunter 6840 Mk. Kosten des Rohmaterials, sowie Arbeitslöhne, Fuhrlohn ꝛc. — [10]) Einschließlich sonstiger Ersatzleistungen. — [11]) Einschließlich der Hospitäler. — [12]) Ohne Berücksichtigung des Gebäudewerts. — [13]) Das Armenhaus ist mit dem Arbeitshaus verbunden. — [14]) Einschließlich Armenhaus. [15]) Vergl. Ziffer [61]) zu Tabelle III und E.

Zu Tabelle V.

[1]) Einschließlich Siechenhaus. — [2]) Einschließlich 395 im Landkrankenhause kostenlos verpflegte Personen mit 13154 Verpflegtagen. — [3]) Einschließlich Lungenheilstätten und Trinkerheilstätten ꝛc. — [4]) Einschließlich Gebrechliche, — [5]) In Spalte 7 mitenthalten. — [6]) Bei Krankenhäusern einbegriffen. — [7]) Ohne Krüppel. — [8]) Vom Landarmenverband übernommen. — [9]) Ausschließlich der in kommunalen Anstalten

Verpflegten. — [10]) Einschließlich Sieche. — [11]) Außerdem sind im Armenhaus untergebracht: 12 Geisteskranke, 32 Idioten, 9 Epileptiker, 4 Blinde, 4 Taubstumme. — [12]) Vergl. Ziffer [11]) — [13]) Ausschließlich der Verpflegtage für 14 in Privatanstalten untergebrachte Personen. — [14]) Darunter 1 erwachsener Verwahrloster. — [15]) Ohne die Verpflegten der Verpflegungsstation. — [16]) Einschließlich der Hospitalinsassen. — [17]) Darunter 37 sonstige Gebrechliche. — [18]) Einschließlich nächtliches Obdach. — [19]) In Spalte 16 mitenthalten. — [20]) Darunter 1598 Durchreisende. — [21]) Von den Kindern wurden je 2 für eine Person gerechnet. — [22]) Nur Siechenhaus; das Armenhaus ist mit dem Arbeitshaus verbunden. — [23]) Armen- und Siechenhaus. — [24]) 11810 Nächtigungen. — [25]) Einschließlich Irrenpflege. — [26]) Ausschließlich der in kommunalen Anstalten verpflegten Irren. — [27]) Einschließlich Epileptiker und Idioten. — [28]) Davon erhalten 3 volle und 2 teilweise Freistellen. — [29]) 12 Familien. — [30]) Ohne Wöchnerinnenasyl. — [31]) Ohne die Siechen, welche in Spalte 7 mitgerechnet sind. — [32]) Bei den Krankenhäusern mitenthalten.

Zu Tabelle VI und G.

[1]) Einschließlich Beiträge an verschiedene Vereine. — [2]) Der Aufwand für 36 in Familienpflege untergebrachte Kinder ist bei der offenen Armenpflege verrechnet. — [3]) Vergl. Ziffer [61]) zu Tab. III. — [4]) Einschließlich Bekleidungskosten für Konfirmanden rc. — [5]) Darunter 708 Mk. für in Lehre untergebrachte Kinder. — [6]) Ohne Verwaltungsaufwand, welcher bei der geschlossenen Armenpflege verrechnet ist. — [7]) Einschließlich der Kosten für Beaufsichtigung und Kontrolle über die Ziehkinder (Ziehkinderanstalt). — [8]) Einschließlich Schulbedürfnisse. — [9]) Einschließlich Beiträge zu Konfirmationskleidern. — [10]) Ohne Verwaltungsaufwand. — [11]) Darunter 2691 Mk. für Zwangserziehung von 36 Kindern. — [12]) Die Kosten für in fremden Anstalten verpflegte Kinder sind bei der geschlossenen Armenpflege verrechnet. — [13]) Einschließlich Weihnachtsbescherung. — [14]) Darunter 812 Mk. für in Lehre oder Dienst untergebrachte Kinder. — [15]) Die Kosten für die in eigenen Anstalten verpflegten Kinder sind bei der geschlossenen Armenpflege verrechnet. — [16]) Der Aufwand für Schulbekleidung ist bei der offenen Armenpflege verrechnet. — [17]) Städtischer Beitrag. — [18]) Ohne den in Spalte 1 aufzuführenden Verwaltungsaufwand. — [19]) Ohne den Beitrag an den „Knabenhort". — [20]) Außerdem 20296 Mk. für Zwangserziehung uud 2420 Mk. für Lehrlinge.

Zu Tabelle VIII und H.

[1]) Außerdem 55554 Zinsen für Kaufgelder, Baukosten rc. — [2]) Ohne den Aufwand für die Diensträume. — [3]) Einschließlich der Kosten für die Verwaltung der Suppenanstalt und der in ländlicher Verpflegung befindlichen Personen. — [4]) Einschließlich Verwaltungsausgaben für das Armen- und das Waisenhaus — ohne Aufwand für Gebäude und Inventar. — [5]) Vergl. Ziffer [4]). — [6]) Ausschließlich der Besoldung des Dezernenten. — [7]) Außerdem sind 9540 Mk. aus Legaten verteilte Stiftungszinsen angegeben. — [8]) Einschließlich des Aufwandes für die Diensträume. — [9]) Wöchnerinnenasyl. — [10]) Außerdem 2784 Mk. für Pensionen. — [11]) Außerdem 20296 Mk. für Zwangserziehung und 2420 Mk. für Lehrlinge. — [12]) Geschätzt. — [13]) Die Kosten für die in fremden Anstalten verpflegten Kinder sind bei der geschlossenen Armenpflege verrechnet. — [14]) Außerdem 22174 Mk. für bauliche Unterhaltung des Armenpfründnerhauses rc. — [15]) Einschließlich der Besoldungen für Kindergärtnerinnen, die im städtischen Volkskindergarten beschäftigt sind. — [16]) Einschließlich 2571 Mk. liquidierte Anstände. — [17]) Ohne Verwaltungsaufwand der städtischen Armen- und Versorgungsanstalten. — [18]) Einschließlich 203 Mk. für Verpflegung im Wöchnerinnenheim und 442 Mk. für Verpflegung in der Hebammenlehranstalt. — [19]) Vergl. Ziffer [18]). — [20]) Ohne Verwaltungsaufwand der eigenen Anstalten für Kinderpflege. — [21]) Ohne Berücksichtigung des Gebäudewerts des Armenhauses. — [22]) Einschließlich der Kosten für Aufenthalt in Lungenheilstätten, Trinkerasylen rc. — [23]) Vergl. Ziffer [22]). — [24]) Einschließlich der Ausgaben für 36 in Familienpflege untergebrachte Kinder. — [25]) Vergl. Ziffer [24]). — [26]) Darunter 812 Mk. für in Lehre oder Dienst untergebrachte Kinder. — [27]) Vergl.

Ziffer [26]). — [28]) Ohne den Mietswert der 12 Armenwohnungen. — [29]) Darunter 2691 Mk. für Zwangserziehung von 36 Kindern, sowie 708 Mk. für in Lehre untergebrachte Kinder. — [30]) Einschließlich der Hospitäler. — [31]) Einschließlich des Verwaltungsaufwands der eigenen Anstalten für Kinderpflege. — [32]) Die Ausgaben für Schulbekleidung sind bei der offenen Armenpflege verrechnet. — [33]) Die Kosten für die in eigenen Anstalten verpflegten Kinder sind bei der geschlossenen Armenpflege verrechnet. — [34]) Der Verwaltungsaufwand für die bei den Siechen- und Armenhäusern aufgeführte Anstalt ist bei den allgemeinen Verwaltungsausgaben verrechnet. — [35]) Ausschließlich des Anteils am Gehalt des Vorsitzenden des Armenrats und des Rechnungsrevisors. — [36]) Einschließlich 2000 Mk. Anteil an der Besoldung des Dezernenten. — [37]) Ausschließlich 19718 Mk. für Pensionen.

Zu Tabelle IX und J.

[1]) Einschließlich Beiträge von Kirche und Universität. — [2]) Darunter 2598 Mk. aus Stiftungen für geschlossene Armenpflege und von Ihrer Majestät der Königin. — [3]) Einschließlich Sühnegelder. — [4]) Bei sonstigen Einnahmen verrechnet. — [5]) Darunter Beiträge der Domänenkasse, sowie Stadtkirchkasse für die Armenpflege. — [6]) Darunter Beiträge zur Gesindekrankenkasse. — [7]) Darunter 9212 Mk. Ertrag der Armenlotterie und 5559 Mk. Geschenke. — [8]) Einschließlich Erstattungen vom Staat. — [9]) Einschließlich Erlös für Suppe in den Suppenanstalten. — [10]) Einschließlich Erstattungen von Nichtarmen. — [11]) Ohne den Wert der auf die Armenverwaltung auf Grund des Erbrechts übergegangenen Nachlässe. — [12]) Darunter 8721 Mk. Einnahmen der Waisenverwaltung. — [13]) Einschließlich Sühnegelder und Ordnungsstrafen. — [14]) Darunter der Kassenbestand des Vorjahres. — [15]) Einschließlich Erstattung verschiedener Stiftungen. — [16]) Darunter 17003 Mk. aus dem Kapitalvermögen der Allgemeinen Armenanstalt. — [17]) Ohne den Wert der in natura gewährten Nutzungen und Leistungen im Betrage von 7699 Mk.

Die Ausgaben für offene Armenpflege.

Gemeinde	A. Unterstützungen zum Lebensunterhalt: Barunterstützungen: laufende ℳ	Barunterstützungen: für Familien	Barunterstützungen: pro Familie ℳ	Barunterstützungen: einmalige ℳ	Barunterstützungen: darunter für Mieten ℳ	Barunterstützungen: überhaupt ℳ	Naturalunterstützungen: Wohnung ℳ	Naturalunterstützungen: Nahrungsmittel ℳ	davon insbesondere: Suppe ℳ	davon insbesondere: Brot ℳ	davon insbesondere: Milch ℳ	Kleidung und Hausrat ℳ	Heizmaterial ℳ	Naturalunterstützungen: überhaupt ℳ	B. Offene Krankenpflege: Remuneration für Ärzte ℳ	Zahl der Ärzte	Remuneration für Hebammen ℳ	Remuneration für Warte-, Heil- ꝛc. Personal ℳ	Heilmittel ℳ	davon insbesondere: Arzneien ℳ	davon insbesondere: mechanische Heilmittel ℳ	Aufenthalt in Bädern ꝛc. ℳ	überhaupt ℳ	C. Beerdigungskosten ℳ	D. Reise- und Transportkosten ℳ	Summe der Ausgaben für offene Armenpflege ℳ	Gemeinde
	1	2	3	4	5	6	7	8	9	10	11	12	13	14	15	16	17	18	19	20	21	22	23	24	25	26	
Aachen	259 437	1 402	185.05	1 378	168	260 815	—	906	76	—	830	—	—	906	10 000	13	[1] 5 271	—	16 527	13 901	2 626	248	32 046	1 513	2 823	298 103	Aachen
Altenessen	23 238	148	157.01	1 268	.	24 506	—	17	.	.	.	210	262	489	1 500	3	90	—	1 316	1 313	3	—	2 906	389	661	28 951	Altenessen
Altona	137 290	.	.	1 962	.	139 252	—	3 528	.	.	.	—	413	3 941	5 581	11	2 371	—	5 093	3 740	1 353	—	13 045	3 966	3 177	163 381	Altona
Aschersleben	.	.	.	.	.	25 141	—	571	104	467	—	97	220	888	700	2	58	400	1 300	1 202	98	—	2 458	744	—	29 231	Aschersleben
Barmen	123 117	689	178.69	3 387	188	126 504	—	150	—	—	—	478	—	628	6 160	14	[32] 2 130	—	3 256	3 073	183	—	[32] 11 546	2 311	864	[32] 141 853	Barmen
Berlin	6 402 498	35 906	178.31	465 890	—	6 868 388	—	147 201	—	69 988	77 213	22 334	264 522	434 057	111 900	83	5 938	3 655	177 475	144 572	32 903	1 830	300 798	18 440	49 541	7 671 224	Berlin
Bernburg	38 556	216	178.50	19 985	8 952	58 541	—	640	572	22	46	930	1 046	2 616	1 200	3	300	—	1 372	1 204	168	—	2 872	651	163	64 843	Bernburg
Beuthen Ob.-Schl.	31 363	549	57.13	1 029	.	32 392	—	—	—	—	—	—	506	506	[2] 1 974	3	322	—	1 485	1 468	17	—	3 781	579	678	37 936	Beuthen Ob.-Schl.
Bonn	81 918	447	183.26	19 176	.	101 094	—	13 772	4 418	7 532	1 822	5 290	2 841	21 903	[3] 5 198	[3] .	801	—	995	219	776	58	7 052	2 053	743	132 845	Bonn
Brandenburg a. H.	20 037	.	.	338	.	20 375	—	—	—	—	—	—	—	—	1 200	4	155	—	768	486	282	—	2 123	234	174	22 906	Brandenburg a. H.
Bremen	.	1 217	.	.	.	140 639	—	13 978	[4] 5 604	276	8 098	28 989	6 627	49 594	16 565	20	43	1 107	11 890	10 489	1 401	4 230	33 835	5 630	1 969	[39] 258 132	Bremen
Breslau	515 185	5 493	93.79	26 806	2 890	541 991	—	11 403	[31] 5 000	—	[5] 6 403	78 972	—	90 375	19 237	22	3 566	326	16 667	14 914	1 753	943	40 739	3 704	2 664	679 473	Breslau
Cassel	70 838	639	110.86	2 021	.	72 859	[54] 6 692	17 025	[6] 2 883	14 142	—	1 831	9 130	34 678	4 500	6	85	—	590	309	281	—	5 175	1 784	142	114 638	Cassel
Charlottenburg	269 798	2 036	132.51	33 130	4 096	302 928	3 278	[10] 7 261	.	.	[10] .	16 969	4 940	32 448	9 833	12	1 432	4 000	[7] 10 816	.	.	[64] .	[64] 26 081	6 040	2 461	[64] 369 958	Charlottenburg
Chemnitz	150 840	2 001	75.38	4 500	—	155 340	—	15 330	.	.	.	4 700	6 570	26 600	3 600	16	730	—	3 530	2 680	850	—	7 860	4 158	2 360	196 318	Chemnitz
Coblenz	55 748	491	113.54	13 555	136	69 303	—	6 023	40	5 577	322	847	1 899	8 769	2 700	5	131	—	2 665	2 337	328	327	5 823	491	370	84 756	Coblenz
Cöln	461 578	2 902	159.06	16 546	—	478 124	—	2 555	1 302	—	1 253	7 422	—	9 977	18 107	27	7 277	—	26 574	17 488	9 086	2 024	53 982	2 384	—	544 467	Cöln
Colmar	27 919	.	.	4 984	.	32 903	1 983	15 263	7 120	7 615	528	2 175	3 451	22 872	1 800	4	414	3 500	1 311	1 190	120	37	7 062	40	67	62 944	Colmar
Cottbus	43 277	235	184.16	2 560	.	45 837	—	—	—	—	—	1 039	3 610	4 649	1 275	3	154	2 060	2 225	2 020	205	—	5 714	714	326	57 240	Cottbus
Danzig	147 915	2 529	58.49	42 275	1 465	190 190	—	663	—	49	614	1 526	445	2 634	6 819	22	309	320	17 882	14 527	3 355	—	25 330	6 832	4 314	229 300	Danzig
Darmstadt	81 323	490	165.97	6 146	674	87 469	—	4 996	86	19	3 252	2 874	4 216	12 086	[9] 3 689	7	716	—	7 075	6 425	650	147	11 627	1 192	728	113 102	Darmstadt
Dessau	66 311	.	.	9 508	7 898	75 819	—	[10] 693	693	—	[10] .	192	5 991	6 876	2 100	3	168	—	[7] 3 845	[7] 3 569	276	—	6 113	1 405	[8] .	90 213	Dessau
Dortmund	89 127	507	175.79	173	50	89 300	—	—	—	—	—	3 696	750	4 446	4 200	6	261	—	2 535	2 373	162	71	7 067	4 664	388	105 865	Dortmund
Dresden	526 271	4 797	109.71	119 738	68 754	646 010	5 745	15 339	8 718	—	6 621	16 593	31 196	68 873	16 028	[23] 19	4 616	593	12 571	10 083	2 488	—	33 808	14 852	4 597	768 140	Dresden
Düsseldorf	308 713	2 296	134.46	3 841	.	312 554	—	10 153	—	3 387	6 766	28 547	—	38 700	16 100	14	7 643	600	15 215	11 689	3 526	—	39 558	4 758	432	396 002	Düsseldorf
Duisburg	.	.	.	.	.	[55] 121 798	—	—	—	—	—	1 071	889	1 960	[11] 5 161	9	1 538	—	1 950	1 763	187	—	8 649	446	1 092	[55] 133 945	Duisburg
Elberfeld	.	.	.	.	.	173 485	[62] 1 234	6 820	6 820	—	—	7 701	5 531	21 286	[12] 7 659	11	1 922	75	6 803	5 487	452	—	16 459	1 480	1 050	[13] 213 849	Elberfeld
Elbing	52 704	633	83.26	4 099	40	56 803	180	1 106	866	240	—	118	105	1 509	2 100	4	15	—	2 925	2 700	225	—	5 040	402	92	63 846	Elbing
Erfurt	68 289	1 204	56.72	5 300	—	73 589	540	7 803	3 483	4 320	—	2 573	2 711	13 627	3 900	7	174	—	1 725	.	.	—	5 799	1 507	622	95 144	Erfurt
Essen	.	.	.	.	.	177 180	[63] 3 885	1 650	—	840	810	—	2 261	7 796	5 863	5	236	—	2 531	1 886	645	—	8 630	2 354	169	196 129	Essen
Forst i. L.	37 191	.	.	91	54	37 282	—	—	—	—	—	503	1 674	2 177	1 000	2	8	—	677	622	55	—	1 685	575	193	41 912	Forst i. L.
Frankfurt a. M.	.	1 797	.	.	.	305 995	—	52 097	—	52 097	—	988	—	53 085	19 000	19	1 920	—	8 741	7 735	1 006	4 919	34 580	8 887	—	402 547	Frankfurt a. M.
Frankfurt a. O.	29 946	.	.	16 144	13 663	46 090	—	999	239		760	4 428	—	5 427	3 100	6	560	290	3 539	2 926	522	409	7 898	535	—	59 950	Frankfurt a. O.
Freiberg i. S.	19 936	279	71.46	2 513	—	22 449	—	239	.	.	.	351	366	956	1 250	2	123	—	652	564	88	—	2 025	1 017	220	26 667	Freiberg i. S.
Freiburg i. Br.	[34] 14 004	404	34.66	[33] 14 180	.	[14] 28 184	5	3 252	1 087	—	2 165	2 185	2 079	7 521	2 698	3	[15] .	—	1 892	1 470	422	92	4 682	562	482	41 431	Freiburg i. Br.
Fürth	63 533	560	113.45	14 782	10 000	78 315	—	22	22	—	—	2 661	5 286	7 969	1 200	.	100	600	2 785	2 554	231	—	4 685	500	120	91 589	Fürth
Gelsenkirchen	.	.	.	.	.	22 644	—	—	—	—	—	—	—	—	1 200	3	180	—	391	.	.	—	1 771	[16] .	—	24 415	Gelsenkirchen
Gera	.	.	.	.	[35] 3 416	28 509	—	2 427	92	2 335	—	95	930	3 452	[36] 1 029	3	[26] —	—	958	867	91	547	2 534	1 831	176	36 502	Gera
Glauchau	15 666	149	105.14	747	—	16 413	—	413	—	293	—	201	484	1 098	600	2	—	998	636	574	11	—	2 234	419	161	20 325	Glauchau
Görlitz	99 748	.	.	7 735	.	107 483	—	1 721	1 721	—	—	1 136	3 006	5 863	[37] 3 300	5	413	—	3 041	2 555	486	—	6 754	2 940	1 152	124 192	Görlitz
Göttingen	18 000	210	85.71	8 300	—	26 300	[38] .	4 000	—	2 000	2 000	600	1 600	[38] 6 200	1 200	1	200	200	1 300	1 000	300	500	3 400	500	300	[38] 36 700	Göttingen
Gotha	22 226	414	53.69	214	—	22 440	2 002	6 135	1 464	4 671	—	1 275	3 591	13 003	1 800	2	409	3 939	1 715	1 528	187	143	8 006	722	308	[17] 44 826	Gotha
Greifswald	20 319	328	61.95	231	73	20 550	[40] 5 440	362	174	37	151	1 759	784	8 345	900	2	—	—	372	312	60	—	1 272	377	70	30 614	Greifswald
Guben	23 683	362	65.42	781	215	24 464	—	—	—	—	—	531	93	624	1 300	3	200	40	777	642	135	—	2 317	585	146	28 136	Guben
Hagen	88 340	448	197.19	2 034	304	90 374	—	2 316	142	613	67	4 044	682	7 042	2 400	8	315	668	2 497	2 417	80	24	5 904	1 468	660	105 448	Hagen
Halberstadt	54 700	.	.	996	.	55 696	—	922	[18] 305	466	151	4 219	5 462	10 603	1 350	2	134	5 357	2 773	2 154	619	1 269	10 883	681	452	78 315	Halberstadt
Halle a. S.	183 883	1 482	124.08	5 976	3 474	189 859	4 331	12 716	4 007	6 496	26	27 545	7 473	52 065	[41] 13 208	[42] 1	235	—	3 461	463	2 998	297	17 201	3 871	1 660	264 656	Halle a. S.

Hamburg	1 957 932	9 528	205.49	56 097	14 942	2 014 029	—	19 961	—	—	19 961	30 942	56 051	106 954	50 000	50	5 255	4 521	42 272	19 103	6 543	6 455	108 503	32 772	22 561	2 284 819	Hamburg
Hamm	6 100	.	.	2 324	1 570	8 424	—	2 540	—	2 304	236	1 554	714	4 808	1 400	3	138	—	582	504	78	26	2 146	200	66	15 644	Hamm
Hanau	.	.	.	.	.	25 277	—	3 132	379	1 819	712	2 981	1 494	7 607	1 325	2	106	—	856	583	150	—	2 287	[19] 159	452	35 782	Hanau
Hannover	91 422	1 331	68.69	20 100	—	111 522	—	16 731	12 010	523	4 198	15 626	2 072	34 429	9 847	[20] 8	—	—	8 009	7 141	868	—	17 856	5 373	2 019	171 199	Hannover
Heilbronn	19 959	223	89.50	2 007	—	21 966	—	172	.	.	.	1 667	2 351	4 190	1 058	3	300	1 845	568	.	.	—	3 771	—	—	29 927	Heilbronn
Hildesheim	15 505	257	60.33	[50] 9 732	—	25 237	—	104	[6] 104	—	—	1 268	—	1 372	1 482	3	—	—	707	565	142	—	2 189	412	671	29 881	Hildesheim
Inowrazlaw	28 868	.	.	1 871	.	30 739	—	—	—	—	—	574	—	574	1 000	2	58	—	676	536	140	46	1 780	138	136	33 367	Inowrazlaw
Insterburg	19 230	402	47.84	3 251	1 821	22 481	162	840	840	—	—	75	—	1 077	1 200	2	—	—	798	761	37	—	1 998	446	127	26 129	Insterburg
Iserlohn	20 681	270	76.60	620	142	21 301	—	5 680	—	4 437	1 243	978	1 124	7 782	1 000	1	174	—	1 719	1 454	265	1 678	4 571	276	562	34 492	Iserlohn
Kaiserslautern	13 188	294	44.86	8 916	8 610	22 104	—	1 817	—	1 817	—	102	134	2 053	1 500	4	297	100	1 298	1 082	216	100	3 295	712	216	28 380	Kaiserslautern
Karlsruhe	36 369	390	93.25	10 188	2 651	46 557	—	7 891	.	.	.	8 127	9 968	[51] 30 123	[21] 6 331	.	536	600	7 403	4 449	2 954	80	14 950	4 657	1 253	97 540	Karlsruhe
Kattowitz	27 131	368	73.73	2 040	—	29 171	—	—	—	—	—	184	—	184	900	1	150	1 512	1 163	1 141	22	—	3 725	1 139	178	34 397	Kattowitz
Kiel	132 018	1 264	104.44	13 963	—	145 981	—	11 447	.	.	.	11 218	—	22 665	4 950	[43] .	—	—	4 982	3 903	1 079	—	9 932	3 155	1 661	183 394	Kiel
Königsberg i. Pr.	242 329	.	.	7 711	—	250 040	—	[10] 896	896	—	[10] .	5 215	5 986	12 097	7 000	7	504	2	[7] 17 689	[7] 16 621	1 068	—	25 195	4 394	568	292 294	Königsberg i. Pr.
Königshütte O.-Schl.	40 332	580	69.54	900	—	41 232	—	—	—	—	—	1 627	65	1 692	900	1	120	—	184	154	30	—	1 204	2 130	587	46 845	Königshütte O.-Schl.
Krefeld	212 167	1 117	189.94	1 225	523	213 392	—	—	—	—	—	3 790	10 003	13 793	8 400	9	835	150	4 885	4 133	752	—	14 270	240	846	242 541	Krefeld
Leipzig	567 489	3 263	173.92	[52] 34 985	19 399	602 474	23 237	76 055	[6] 10 412	[24] 61 652	3 991	[25] 23 020	9 899	132 211	16 320	20	5 419	239	7 143	6 147	996	2 489	31 610	2 922	1 768	[53] 775 485	Leipzig
Liegnitz	43 044	365	117.93	927	.	43 971	—	—	—	—	—	399	—	399	1 500	3	238	—	664	633	31	—	2 402	581	110	47 463	Liegnitz
Linden	50 285	513	98.02	2 190	.	52 475	8 250	3 646	79	367	3 200	7 054	1 800	20 750	1 200	2	—	984	5 000	4 390	610	500	7 684	2 800	200	83 909	Linden
Ludwigshafen a. R.	20 787	134	155.13	2 320	.	23 107	1 000	6 601	—	1 868	1 796	2 802	1 391	11 794	11 300	[22] .	922	—	10 908	10 782	126	60	23 190	327	626	59 044	Ludwigshafen a. R.
Lübeck	26 436	394	67.10	381	375	26 817	—	11 899	5 945	5 637	317	624	2 412	14 935	2 535	3	122	8	1 123	766	323	—	3 788	1 169	367	47 076	Lübeck
Magdeburg	209 330	.	.	23 185	—	232 515	1 920	14 869	11 066	—	3 803	2 110	20 480	39 379	9 000	16	[1] 913	—	5 904	4 991	913	8 002	23 819	3 943	1 251	300 907	Magdeburg
Mainz	68 641	772	88.91	1 910	—	70 551	358	238	—	59	179	6 972	3 340	10 908	4 000	4	698	—	3 977	3 271	706	—	8 675	1 908	435	92 477	Mainz
Malstatt-Burbach	19 965	165	121.00	4 934	152	24 899	—	98	—	70	28	313	40	451	1 200	2	110	—	1 824	1 508	316	89	3 223	196	390	29 159	Malstatt-Burbach
Mannheim	106 798	.	.	151	37	106 949	—	29 077	13 605	13 917	1 494	6 779	—	35 856	6 554	13	966	28	2 768	1 843	581	522	10 838	3 905	1 477	159 025	Mannheim
Meiderich	.	.	.	.	—	39 152	—	—	—	—	—	—	—	—	1 500	6	—	—	1 365	1 139	226	—	2 865	401	243	42 661	Meiderich
Metz	.	.	.	.	.	20 987	—	26 111	2 403	22 608	1 100	6 196	8 077	40 384	4 840	5	—	—	4 018	2 469	1 496	—	8 858	—	—	70 229	Metz
München	510 603	.	.	73 430	16 116	584 033	—	[56] 33 564	[56] 33 564		—	5 602	36 768	75 934	13 283	25	1 574	—	11 242	8 661	2 581	—	26 099	9 688	8 131	703 885	München
München-Gladbach	91 330	616	148.26	255	76	91 585	2 600	—	—	—	—	2 670	—	5 270	3 450	7	1 252	—	4 140	3 604	536	539	9 381	816	1 732	108 784	München-Gladbach
Münster i. W.	96 963	482	201.17	3 685	290	100 648	—	—	—	—	—	360	718	1 078	5 124	6	120	—	4 097	3 769	328	—	9 341	2 266	43	113 376	Münster i. W.
Neumünster	41 990	.	.	270	.	42 260	—	.	.	.	.	.	.	800	1 300	1	—	—	1 400	.	.	—	2 700	400	102	46 262	Neumünster
Neunkirchen	17 778	143	124.32	2 578	548	20 356	9 134	2 078	.	.	.	[45] 2 335	1 177	14 724	600	1	320	117	992	939	53	—	2 029	198	692	37 999	Neunkirchen
Nordhausen	.	379	.	.	.	31 751	1 000	1 213	992	—	221	1 214	[27] 381	3 808	2 900	1	112	—	550	512	38	—	3 562	379	210	39 710	Nordhausen
Nürnberg	299 908	2 600	115.35	25 845	20 550	325 753	9 449	52 603	10 932	36 171	5 500	[57] 23 690	17 225	[57] 102 967	6 215	12	—	—	13 302	11 929	1 373	540	20 057	16 820	1 897	[57] 467 494	Nürnberg
Oberhausen	.	.	.	.	.	61 712	—	—	—	—	—	3 555	—	3 555	2 435	6	385	—	2 694	.	.	—	5 514	806	397	71 984	Oberhausen
Offenbach a. M.	57 027	351	162.47	5 898	2 900	62 925	—	—	—	—	—	4 244	4 478	8 722	1 800	3	190	—	1 198	.	.	2 042	5 230	1 075	.	77 952	Offenbach a. M.
Oldenburg	3 333	.	.	119	.	3 452	—	2 314	.	.	.	1 510	758	4 582	1 200	1	51	—	392	392	—	—	1 643	672	415	10 764	Oldenburg
Oppeln	29 619	521	56.85	488	488	30 107	—	—	—	—	—	52	—	52	600	2	40	—	255	.	.	—	895	709	98	31 861	Oppeln
Pforzheim	35 803	401	89.28	1 359	.	37 162	1 000	400	—	200	200	720	582	2 702	1 200	2	160	410	1 389	1 304	85	1 196	4 355	213	468	44 900	Pforzheim
Pirmasens	9 169	137	66.93	666	—	9 835	10 804	—	—	—	—	586	—	11 390	.	.	.	—	200	173	27	200	900	533	311	[46] 25 435	Pirmasens
Plauen i. V.	28 224	359	78.62	454	312	28 678	—	224	—	181	43	965	625	1 814	1 978	3	94	400	1 275	1 041	234	—	3 747	1 103	281	35 623	Plauen i. V.
Posen	146 757	1 626	90.26	17 336	—	164 093	—	16 660	5 255	4 213	7 192	4 012	2 285	22 957	9 629	20	605	3 733	4 663	.	.	—	18 630	461	—	[58] 206 980	Posen
Potsdam	64 773	646	100.27	3 372	.	68 145	—	892	.	.	.	—	3 952	4 844	3 100	7	60	—	3 199	2 931	268	—	6 359	781	347	80 476	Potsdam
Ratibor	30 995	.	.	6 596	309	37 591	—	—	—	—	—	907	310	1 217	1 013	2	150	1 000	1 405	1 259	146	—	3 568	1 284	279	43 939	Ratibor
Recklinghausen	24 344	151	161.22	6 073	1 610	30 417	—	—	—	—	—	1 983	—	1 983	2 882	4	72	—	680	505	175	—	3 634	498	268	36 800	Recklinghausen
Regensburg	59 339	350	169.54	10 372	4 331	69 711	305	—	—	—	—	2 583	4 125	7 013	1 000	2	315	—	993	898	95	—	2 308	722	286	80 040	Regensburg
Rheydt	37 000	160	231.25	3 000	—	40 000	8 000	500	—	300	200	300	200	9 000	1 800	15	550	—	2 300	1 500	500	—	4 650	600	—	54 250	Rheydt
Rixdorf	64 838	.	.	7 153	—	71 991	—	—	—	—	—	—	—	—	3 500	7	—	2 660	2 500	.	.	—	8 660	2 700	800	84 151	Rixdorf
Schweidnitz	6 230	.	.	7 436	.	13 666	—	—	—	—	—	1 403	165	1 568	1 760	3	45	53	1 451	1 229	127	—	3 309	668	405	19 616	Schweidnitz
Schwerin i. M.	.	.	.	.	.	51 337	246	1 419	.	.	.	2 815	[59] 1 622	6 102	1 450	4	—	1 825	1 678	1 618	60	406	5 359	537	313	63 648	Schwerin i. M.
Stargard i. Pom.	18 172	219	82.98	1 527	—	19 699	—	—	—	—	—	—	—	—	900	1	12	—	526	478	48	—	1 438	457	406	22 000	Stargard i. Pom.
Stolp i. Pom.	.	.	.	.	—	47 085	—	—	—	—	—	300	—	300	1 600	4	172	—	1 527	1 011	516	195	3 494	350	268	51 447	Stolp i. Pom.
Straßburg i. E.	152 756	1 410	108.34	65 298	—	218 054	8 658	46 268	5 275	37 948	244	11 965	11 125	78 016	6 257	8	—	—	3 469	2 740	662	—	9 726	348	778	306 922	Straßburg i. E.
Stuttgart	113 736	1 095	103.87	2 886	358	116 622	—	23 671	6 956	2 200	10 906	3 068	10 389	37 128	5 300	11	394	4 485	4 071	3 209	862	668	14 918	[47] 14	492	169 174	Stuttgart
Weimar	.	.	.	.	.	3 906	—	2 134	18	2 100	16	673	2 115	4 922	20	[30] —	90	900	348	293	55	—	1 358	65	235	10 486	Weimar
Weißenfels	14 019	345	40.63	125	.	14 144	—	8 018	4 750	3 268	—	662	[60] 1 045	[60] 9 725	500	1	39	—	70	32	38	—	609	250	182	24 910	Weißenfels
Wiesbaden	.	.	.	.	.	75 036	—	12 704	1 073	6 769	4 862	5 151	2 134	19 989	5 300	4	623	1 091	2 792	2 468	138	—	9 806	1 518	244	[48] 114 982	Wiesbaden
Witten	10 714	211	50.78	6 644	6 143	17 358	—	3 895	[18] 146	2 767	647	943	127	4 965	1 400	2	90	—	1 809	1 553	118	264	3 563	228	628	[61] 28 608	Witten
Worms	37 876	202	187.50	6 959	606	44 835	288	215	—	—	173	17	2 874	3 394	1 700	4	354	1 830	1 058	902	156	—	4 942	810	372	54 353	Worms
Zeitz	.	.	.	.	.	21 613	—	2 136	—	2 136	—	1 210	1 377	4 723	1 000	1	—	—	828	187	641	30	1 858	52	203	28 449	Zeitz
Zittau	21 545	395	54.54	298	166	21 843	—	526	—	526	—	319	1 170	2 015	1 240	2	6	—	720	680	40	—	1 966	514	65	26 403	Zittau

Die Anmerkungen befinden sich auf Seite 78.

Tabelle III.

Die Ausgaben für geschlossene Armenpflege.

Gemeinde	A. Fürsorge in Anstalten für Kranke und Gebrechliche											
	Krankenhauspflege			Irrenpflege			Fürsorge für Gebrechliche					
	Aufwand in kommunalen Anstalten	Zahlung an sonstige Krankenanstalten	zusammen	Aufwand in kommunalen Anstalten	Zahlung an sonstige Irrenanstalten	zusammen	Epileptiker	Idioten	Blinde	Taubstumme	Krüppel	zusammen
	ℳ	ℳ	ℳ	ℳ	ℳ	ℳ	ℳ	ℳ	ℳ	ℳ	ℳ	ℳ
	1	2	3	4	5	6	7	8	9	10	11	12
Aachen	84 355	21 501	105 856	7 384	85 727	93 111	9 140	8 811	1) 231	—	—	18 182
Altenessen	—	4 896	4 896	—	5 280	5 280	1 273	2 560	328	—	—	2) 8 178
Altona	123 576	—	123 576	3) 24 506	—	3) 24 506	9 681	1 716	1 572	—	—	12 969
Aschersleben	.	.	.	—	—	—	—	—	—	—	—	—
Barmen	51 802	1 593	53 395	608	47 147	47 755	11 607	4 742	3 084	832	—	20 265
Berlin	.	1 003 442	.	.	.	.	.	.	.	.	.	.
Bernburg	—	12 085	12 085	—	8368	8 368	242	425	—	390	243	1 300
Beuthen	9 394	—	9 394	—	5 996	5 996	.	.	.	.	.	5 985
Bonn	—	57 046	57 046	14 356	11 585	25 941	6 113	8 163	276	90	—	14 642
Brandenburg a. H.	.	836	.	—	8 852	8 852	1 379	1 980	432	667	818	5 276
Bremen	88 590	47 228	135 818	127 146	—	127 146	13 298	22 586	2 824	—	1 800	40 508
Breslau	257 240	17 554	274 794	71 622	81 704	153 326	10 075	26 617	666	260	—	37 618
Cassel	—	8) 18 368	8) 18 368	27 766	27) 5 519	33 285	5 158	3 591	260	—	—	9 009
Charlottenburg	88 540	18) 6 151	18) 94 691	—	19) 43 100	19) 43 100	.	.	.	.	—	20) .
Chemnitz	9) 96 920	8 520	105 440	10) .	18 144	47) 18 144	11 192	8 400	1 346	300	—	21 238
Coblenz	40) 77 976	8 568	40) 86 544	856	21 229	22 085	2 143	3 708	268	165	—	6 284
Cöln	46) 435 121	29 913	465 034	10) .	48) 157 259	47) 157 259	21 440	24 702	49) 2 985	49) 572	—	49 699
Colmar	.	.	.	.	.	.	.	.	.	.	.	.
Cottbus	5 020	—	5 020	—	7 732	7 732	307	1 116	216	186	1 116	2 941
Danzig	148 617	7 250	155 867	17 222	35 631	52 853	2 516	800	856	—	484	4 656
Darmstadt	24 708	—	24 708	14) —	14) —	14) —	1 921	—	—	—	888	2 809
Dessau	—	10 011	10 011	—	5 857	5 857	.	.	.	.	.	5 246
Dortmund	30 770	1 613	32 383	—	27 691	27 691	5 786	12 766	847	2 662	.	22 061
Dresden	71 571	10 822	82 393	14 788	34 081	48 869	9 754	3 345	1 623	333	—	15 055
Düsseldorf	49 889	101 928	151 817	—	54 573	54 573	7 841	13 289	—	1 282	—	22 412
Duisburg	—	36 623	36 623	—	15 828	15 828	5 036	6 934	438	657	15) 7 126	15) 20 191
Elberfeld	60 147	4 893	65 040	3 213	52 327	55 540	.	.	.	.	—	16) 19 965
Elbing	10 286	1 268	11 554	8 594	—	8 594	2 439		—	—	—	2 439
Erfurt	31 000	2 653	33 653	—	27 911	27 911	5 900	2 410	248	465	51	9 074
Essen	—	113 391	113 391	—	30 515	30 515	9 301	12 650	41) 195	—	—	42) 26 423
Forst	12 062	1 528	13 590	—	11 690	11 690	—	—	216	360	—	576
Frankfurt a. M.	.	.	345 483	.	.	241 391	.	.	.	.	.	46 996
Frankfurt a. O.	.	—	.	—	19) 20 168	19) 20 168	.	.	.	.	.	20) .
Freiberg i. S.	4 344	351	4 695	—	1 796	1 796	1 411	2 166	244	31	—	3 852
Freiburg i. Br.	25 497	3 571	29 068	—	9 836	9 836	22) .	2 833	80	772	22) .	3 685
Fürth	7 850	1 630	9 480	—	12 000	12 000	.	.	.	.	.	1 820
Gelsenkirchen	—	16 976	16 976	—	13 250	13 250	—	—	—	—	—	—
Gera	6 775	—	6 775	—	10 045	10 045	23) 1 422	—	23) 1 713	23) 120	23) 1 844	23) 5 099
Glauchau	2 464	—	2 464	—	1 997	1 997	—	400	50	63	—	513
Görlitz	.	1 386	.	3) 17 279	28 448	45 727	—	—	—	—	—	—
Göttingen	10 000	4 000	14 000	—	6 000	6 000	.	.	.	.	.	4 000
Gotha	25) 5 189	9 414	14 603	—	4 436	4 436	—	3 218	667	1 800	—	26) 5 712
Greifswald	—	5 276	5 276	—	701	701	333	21	—	—	—	354
Guben	20 565	251	20 816	—	8 300	8 300	—	50	—	—	—	50
Hagen	—	39 079	39 079	—	12 618	12 618	2 157	3 355	—	446	645	6 603
Halberstadt	—	13 762	13 762	—	22 904	22 904	—	1 202	226	732	630	2 790
Halle a. S.	—	90 987	90 987	—	38 092	38 092	8 526		1 445	2 812	1 483	14 266
Hamburg	547 791	80 695	628 486	495 057	—	495 057	42 690	100 294	25 311	18 506	497	187 298

Gemeinde	B. Fürsorge in Armen- und Versorgungsanstalten									Summe der Ausgaben für geschlossene Armenpflege	Gemeinde
	Siechen- und Armenhäuser			Arbeitshäuser			Obdachlosenhäuser				
	Nettoaufwand in eigenen Anstalten	Zahlung an andere Anstalten	zusammen	Nettoaufwand in eigenen Anstalten	Zahlung an andere Anstalten	zusammen	Aufwand in Exmittiertenhäusern	Aufwand für nächtliches Obdach	zusammen		
	ℳ	ℳ	ℳ	ℳ	ℳ	ℳ	ℳ	ℳ	ℳ	ℳ	
	13	14	15	16	17	18	19	20	21	22	
Aachen	268 749	4 084	272 833	—	—	—	—	—	—	489 982	Aachen
Altenessen	9 552	—	9 552	—	—	—	—	—	—	27 906	Altenessen
Altona	4) 23 396	—	4) 23 396	5) 12 719	—	5) 12 719	—	—	—	58) 197 166	Altona
Aschersleben	28) 7 089	—	28) 7 089	—	—	—	—	—	—	.	Aschersleben
Barmen	—	50 938	50 938	—	—	—	—	—	—	172 353	Barmen
Berlin	.	.	.	.	.	.	.	.	.	.	Berlin
Bernburg	3 646	5 033	8 679	—	—	—	—	—	—	30 432	Bernburg
Beuthen	—	584	584	—	—	—	—	—	—	21 959	Beuthen
Bonn	24 271	5 559	29 830	—	—	—	—	—	—	127 459	Bonn
Brandenburg a. H.	14 100	836	14 936	—	—	—	—	—	—	.	Brandenburg a. H.
Bremen	—	50 972	50 972	—	976	976	—	—	—	355 420	Bremen
Breslau	7) 280 316	—	7) 280 316	21 867	—	21 867	—	7 191	7 191	7) 775 112	Breslau
Cassel	6) 55 958	250	56 208	—	—	—	—	—	—	8) 116 870	Cassel
Charlottenburg	39 317	—	39 317	—	—	—	—	284	284	18) 177 392	Charlottenburg
Chemnitz	11) 10 740	—	11) 10 740	12) .	—	12) .	12) .	—	12) .	155 562	Chemnitz
Coblenz	—	399	399	—	—	—	—	—	—	115 312	Coblenz
Cöln	86 375	19 419	105 794	—	2 155	2 155	—	4 467	4 467	784 408	Cöln
Colmar	.	—	.	—	—	—	—	—	—	.	Colmar
Cottbus	7 620	150	7 770	—	—	—	—	—	—	23 463	Cottbus
Danzig	30) 31 794	59 214	30) 91 008	12) .	—	12) .	—	—	—	304 384	Danzig
Darmstadt	54 654	—	54 654	—	—	—	—	—	—	82 171	Darmstadt
Dessau	—	8 042	8 042	—	—	—	—	—	—	29 156	Dessau
Dortmund	17 203	—	17 203	—	—	—	—	1 000	1 000	100 338	Dortmund
Dresden	102 973	330 605	433 578	83 806	839	84 645	—	—	—	664 540	Dresden
Düsseldorf	163 201	—	163 201	—	—	—	.	.	40 301	432 304	Düsseldorf
Duisburg	—	—	—	7 902	—	7 902	—	—	—	80 544	Duisburg
Elberfeld	17) 74 825	5 350	56) 80 175	—	—	—	—	—	—	220 720	Elberfeld
Elbing	—	—	—	—	—	—	.	.	931	23 518	Elbing
Erfurt	20 376	3 450	23 826	—	—	—	—	—	—	94 464	Erfurt
Essen	—	9 527	9 527	—	—	—	—	—	—	179 856	Essen
Forst	737	—	737	—	—	—	—	—	—	26 593	Forst
Frankfurt a. M.	28) 39 851	—	28) 39 851	—	—	—	9 420	—	9 420	58) 683 141	Frankfurt a. M.
Frankfurt a. O.	21 059	—	21 059	—	—	—	—	—	—	.	Frankfurt a. O.
Freiberg i. S.	61) 14 803	8 450	61) 23 253	—	—	—	—	—	—	61) 33 596	Freiberg i. S.
Freiburg i. Br.	—	11 937	11 937	—	375	375	—	—	—	54 901	Freiburg i. Br.
Fürth	25 586	—	25 586	—	—	—	—	30	30	48 916	Fürth
Gelsenkirchen	6 836	—	6 836	—	—	—	—	—	—	37 062	Gelsenkirchen
Gera	13 237	7 083	20 320	—	—	—	—	—	—	42 239	Gera
Glauchau	—	9 648	9 648	—	—	—	—	20	20	14 642	Glauchau
Görlitz	24) .	—	24) .	—	—	—	—	—	—	.	Görlitz
Göttingen	10 400	700	11 100	3 450	—	3 450	.	.	300	38 850	Göttingen
Gotha	10 318	—	10 318	—	—	—	—	—	—	35 069	Gotha
Greifswald	—	135	135	16 060	—	16 060	—	—	—	22 526	Greifswald
Guben	16 220	—	16 220	—	—	—	—	673	673	46 059	Guben
Hagen	20 607	—	20 607	—	—	—	—	—	—	78 907	Hagen
Halberstadt	—	—	—	—	—	—	8 570	2 949	11 519	50 975	Halberstadt
Halle a. S.	56 803	706	57 509	—	—	—	—	—	—	200 854	Halle a. S.
Hamburg	475 996	53 096	529 092	—	—	—	—	—	—	1 839 933	Hamburg

Hamm	7 708	2 409	10 117	—	3 468	3 468	409	158	273	342	256	1 438	8 831	—	8 831	—	—	—	—	—	—	23 854	Hamm
Hanau	—	9 099	9 099	—	10 778	10 778	3 056 (zusammen)		400	19	—	3 475	—	219	219	—	—	—	—	53) 3 837	53) 3 837	27 408	Hanau
Hannover	116 761	27 000	143 761	—	69 846	69 846	8 279	10 551	1 015	2 484	1 292	23 621	41 653	11 264	52 917	—	4 546	4 546	8 128	—	8 128	302 819	Hannover
Heilbronn	—	3 365	3 365	.	.	816	1 203	2 844	220	53	2 251	6 571	48) 13 334	—	43) 13 334	44) 1 564	—	44) 1 564	—	—	—	25 650	Heilbronn
Hildesheim	30 633	—	30 633	—	10 000	10 000	1 246	2 863	150	130	—	4 389	45) 42 909	144	45) 43 053	—	—	—	—	—	—	45) 88 075	Hildesheim
Inowrazlaw	—	10 579	10 579	—	1 563	1 563	—	—	—	—	—	—	—	—	—	—	—	—	—	—	—	12 142	Inowrazlaw
Insterburg	—	3 199	3 199	—	350	350	420	57	113	—	—	590	3 136	—	3 136	—	—	—	—	—	—	7 275	Insterburg
Iserlohn	—	21 566	21 566	—	1 815	1 815	2 534	2 461	—	232	—	5 227	59) 25 381	—	59) 25 381	—	—	—	—	2 334	2 334	59) 56 323	Iserlohn
Kaiserslautern	—	3 350	3 350	—	2 307	2 307	—	—	36	124	—	160	14 967	1 954	16 921	—	—	—	—	—	—	22 738	Kaiserslautern
Karlsruhe	44 118	2 851	46 969	—	24 863	24 863	1 918	2 249	450	825	220	37) 10 620	13 305	19 929	33 234	—	622	622	.	.	1 481	117 789	Karlsruhe
Kattowitz	4 044	1 816	5 860	—	5 633	5 633	—	—	—	—	—	—	—	—	—	—	—	—	—	—	—	11 493	Kattowitz
Kiel	38) .	23 342	38) 23 342		30 029 (zusammen)								39) 126 835	—	39) 126 835	—	—	—	—	—	—	180 206	Kiel
Königsberg i. Pr.	.	4 536	.	—	14 753	14 753	7 918	4 906	2 608	—	—	15 432	74 287	14 881	89 168	—	—	—	—	143	143	.	Königsberg i. Pr.
Königshütte O.-Schl.	8 990	2 438	11 428	—	3 683	3 683	755	1 520	252	—	—	2 527	—	5 095	5 095	—	—	—	—	—	—	22 733	Königshütte O.-Schl.
Krefeld	55 024	—	55 024	—	50 473	50 473	4 328	12 789	396	528	—	18 041	6 161	12 517	18 678	—	13	13	—	2 744	2 744	144 973	Krefeld
Leipzig	110 648	24 643	135 291	91 346	82 382	173 728	7 470	4 024	1 407	690	2 337	15 928	54) 183 238	—	54) 183 238	—	—	—	14 192	—	14 192	522 377	Leipzig
Liegnitz	2 756	746	3 502	—	50) 9 750	50) 9 750	—	51) .	—	—	—	51) .	17 303	—	17 303	—	—	—	—	—	—	30 555	Liegnitz
Linden	—	26 913	26 913	—	9 593	9 593	2 901	3 409	400	—	—	6 710	19 950	1 980	21 930	—	800	800	—	—	—	65 946	Linden
Ludwigshafen	1 782	—	1 782	—	912	912	—	—	—	406	—	406	—	1 319	1 319	—	—	—	—	—	—	4 419	Ludwigshafen
Lübeck	—	19 771	19 771	—	28 381	28 381	100	970	1 328	—	—	2 398	18 348	74	18 422	41 722	243	41 965	—	—	—	110 937	Lübeck
Magdeburg	.	.	.	.	29) 69 459	—	20) .	20) .	2 895	4 734	—	.	30) 34 594	—	30) 34 594	12) .	—	12) .	—	1 830	1 830	.	Magdeburg
Mainz	51 335	—	51 335	14) —	14) —	14) —	.	14) —	14) —	.	.	.	—	71 577	71 577	—	6 366	6 366	—	—	—	129 278	Mainz
Malstatt-Burbach	—	3 727	3 727	—	1 409	1 409	405	410	130	65	—	1 010	—	2 850	2 850	—	—	—	—	—	—	8 996	Malstatt-Burbach
Mannheim	45 959	792	46 751	—	23 755	23 755	—	—	—	—	—	—	—	19 913	19 913	—	575	575	5 060	150	5 210	96 204	Mannheim
Meiderich	—	10 624	10 624	—	4 724	33) 4 724	1 730	996	329	—	—	33) 3 055	—	—	—	—	—	—	—	—	—	33) 18 960	Meiderich
Metz	.	.	.	.	.	.	.	.	.	.	.	.	103 700	—	103 700	—	—	—	—	—	—	.	Metz
München	150 543	—	150 543	—	119 636	119 636	36 274 (zusammen)				1 929	38 203	340 991	—	340 991	—	—	—	—	3 905	3 905	653 278	München
München-Gladbach	—	29 203	29 203	—	16 255	16 255	13 752 (zusammen)		499	71	—	14 322	—	22 961	22 961	—	—	—	—	—	—	82 741	München-Gladbach
Münster i. W.	26 960	11 514	38 474	2 587	20 087	22 674	3 634	2 500	460	250	221	7 065	62 491	—	62 491	—	—	—	—	—	—	130 704	Münster i. W.
Neumünster	2 910	949	3 859	—	1 368	1 368	113	—	—	—	—	113	28) 12 470	—	28) 12 470	—	—	—	—	—	—	58) 17 810	Neumünster
Neunkirchen	—	1 755	1 755	—	2 459	2 459	777	585	—	—	—	1 362	—	—	—	—	—	—	—	1 222	1 222	6 798	Neunkirchen
Nordhausen	4 919	—	4 919	—	4 937	4 937	3 412	1 187	225	634	—	5 458	30) 22 213	—	30) 22 213	12) .	—	12) .	—	—	—	37 527	Nordhausen
Nürnberg	35 214	5 190	40 404	—	63 330	63 330	25 229 (zusammen)		1 617	401	34) .	27 247	—	101 997	101 997	7 394	—	7 394	—	2 472	2 472	242 844	Nürnberg
Oberhausen	—	20 366	20 366	—	29) 4 249	29) 4 249	20) .	20) .	—	—	—	20) .	—	60) 20 301	60) 20 301	—	—	—	—	—	—	60) 44 916	Oberhausen
Offenbach a. M.	43 383	—	43 383	—	17 943	17 943	422	964	97	261	—	1 744	55) 25 706	—	55) 25 706	—	—	—	—	—	—	88 776	Offenbach a. M.
Oldenburg	.	.	5 466	—	9 146	9 146	—	—	—	368	—	368	—	—	—	13 921	114	14 035	—	—	—	29 015	Oldenburg
Oppeln	12 323	—	12 323	—	1 534	1 534	.	.	.	.	.	2 446	28) 1 658	—	28) 1 658	—	—	—	—	—	—	58) 17 961	Oppeln
Pforzheim	21 649	—	21 649	—	10 012	10 012	—	1 540	712	225	—	2 477	—	11 553	11 553	—	207	207	—	—	—	45 898	Pforzheim
Pirmasens	1 902	2 070	3 972	—	1 449	1 449	—	—	—	—	—	—	—	563	563	—	—	—	—	—	—	5 984	Pirmasens
Plauen i. V.	25 584	107	25 691	—	7 100	7 100	2 637	2 741	288	264	—	5 930	11) 19 723	—	11) 19 723	12) .	363	13) 363	12) .	12) .	12) .	58 807	Plauen i. V.
Posen	9) 64 043	299	64 342	10) .	39 567	47) 39 567	1 250	6 277	—	180	—	7 707	34 530	1 184	35 714	—	—	—	—	1 793	1 793	149 123	Posen
Potsdam	30 341	—	30 341	—	15 000	15 000	3 789	3 052	588	250	—	7 679	39 032	—	39 032	—	—	—	—	—	—	92 052	Potsdam
Ratibor	9 316	—	9 316	—	4 423	4 423	—	—	—	—	—	—	—	—	—	—	—	—	—	—	—	13 739	Ratibor
Recklinghausen	—	32) 7 762	32) 7 762	—	1 469	1 469	202	397	—	126	—	725	4 245	—	4 245	—	—	—	—	—	—	14 201	Recklinghausen
Regensburg	.	.	.	—	14 386	14 386	825	1 410	—	—	—	2 235	34 727	—	34 727	—	—	—	—	—	—	.	Regensburg
Rheydt	9 200	—	9 200	2 610	—	2 610	.	.	.	.	.	1 640	28) 7 200	—	28) 7 200	—	—	—	—	—	—	58) 20 650	Rheydt
Rixdorf	31 073	31 661	62 734	—	16 278	16 278	3 280	3 069	—	176	50	6 575	28) 4 325	992	28) 5 317	—	—	—	—	—	—	58) 90 904	Rixdorf
Schweidnitz	2 479	—	2 479	—	6 064	6 064	—	—	—	—	—	—	28) 4 486	—	28) 4 486	—	—	—	623	—	623	58) 13 652	Schweidnitz
Schwerin i. M.	17 856	—	17 856	—	14 044	14 044	460	647	—	645	—	1 752	12 883	3 096	15 979	—	—	—	—	—	—	49 631	Schwerin i. M.
Stargard i. Pom.	2 088	—	2 088	—	—	—	—	—	151	—	—	151	21) 1 405	—	21) 1 405	—	—	—	—	—	—	58) 3 644	Stargard i. Pom.
Stolp i. Pom.	12 452	—	12 452	—	2 750	2 750	1 250	2 750	500	—	—	4 500	—	35) 3 600	35) 3 600	36) 7 567	—	36) 7 567	—	—	—	30 869	Stolp i. Pom.
Straßburg i. E.	577 204	—	577 204	—	57) 15 751	57) 15 751	50	4 880	9 200	4 800	—	18 930	28) 114 210	23 784	28) 137 994	—	—	—	1 368	1 006	2 374	58) 752 253	Straßburg i. E.
Stuttgart	52) 98 649	9 019	107 668	2 941	5 916	8 857	7 226	7 464	5 935	171	1 438	22 234	101 897	4 184	106 081	4 075	—	4 075	.	.	6 861	255 776	Stuttgart
Weimar	9) 2 405	9) 1 660	9) 4 065	34) .	34) .	34) .	—	—	—	975	—	975	—	1 496	1 496	28) 2 467	109	28) 2 576	—	—	—	9 112	Weimar
Weißenfels	873	1 090	1 963	—	5 762	5 762	2 388	1 563	150	120	—	4 221	3 800	—	3 800	—	—	—	400	—	400	16 146	Weißenfels
Wiesbaden	66 348	3 743	70 091	—	18 009	18 009	2 118	4 331	—	347	—	6 796	—	6 846	6 846	6 972	219	7 191	—	—	—	108 983	Wiesbaden
Witten	—	7 550	7 550	—	6 023	6 023	3 105	2 042	—	—	—	5 147	28) 54	5 064	28) 5 118	—	154	154	—	—	—	58) 23 992	Witten
Worms	19 348	777	20 125	14) —	14) —	14) —	817	—	31) 51	31) 238	—	1 106	—	19 552	19 552	—	—	—	—	—	—	40 783	Worms
Zeitz	3 540	575	4 115	—	—	—	—	—	—	—	—	—	9 560	—	9 560	—	—	—	—	—	—	13 675	Zeitz
Zittau	.	—	.	—	3 439	3 439	300	216	50	216	433	1 215	30) 10 458	38	30) 10 496	12) .	245	13) 245	—	—	—	.	Zittau

Die Anmerkungen befinden sich auf Seite 79.

Printed by Libri Plureos GmbH
in Hamburg, Germany